幼儿体能锻炼指南

YOUER TINENG DUANLIAN ZHINAN

杨 勇 主编

河北大学出版社
·保定·

出 版 人：刘相美
责任编辑：邓一鸣
田 阳
装帧设计：王占梅
责任印制：常 凯

YOUER TINENG DUANLIAN ZHINAN

图书在版编目（CIP）数据

幼儿体能锻炼指南 / 杨勇主编. -- 保定 ：河北大学出版社，2014.6（2025.2重印）
ISBN 978-7-5666-0639-6

Ⅰ. ①幼… Ⅱ. ①杨… Ⅲ. ①体能－身体训练－学前教育－教学参考资料 Ⅳ. ①G613.7

中国版本图书馆CIP数据核字(2014)第142021号

出版发行：河北大学出版社
地址：河北省保定市七一东路2666号 邮编：071000
电话：0312-5073003 0312-5073029
网址：www.hbdxcbs.com
邮箱：hbdxcbs818@163.com
经 销：全国新华书店
印 刷：涿州市般润文化传播有限公司
幅面尺寸：170 mm × 240 mm
字 数：220 千字
印 张：13.5
版 次：2014 年 8 月第 1 版
印 次：2025 年 2 月第 2 次印刷
书 号：ISBN 978-7-5666-0639-6
定 价：39.80 元

◎ 哥哥姐姐等等我们啊

◎ 小虎队来啦

◎ 准备下水喽

◎ 同舟共济

◎ 等等我们一起拉

◎ 我们雄狮队胜利啦

◎ 空中云梯你敢挑战吗?

◎ 这是我们共同的力量

◎ 老师,我们准备好了

◎ 放心吧老师,我们自己能

◎ 悄悄地靠近你

◎ 我们和老师比力气

◎ 寒冷的冬天我们照样玩儿得开心

◎ 我们来啦

◎ 我们比一比

◎ 圈圈相连，勇往直前

◎ 我们也尝试倒豆豆

◎ 我们更喜欢大自然

◎ 助跑—射门—球进了

◎ 哈哈，我这个转得最快了

◎ 我的球钻过圈啦

◎ 本领更大了

◎ 小猪小猪呼噜噜

◎ 可以推着跑的“三轮车”

◎ 快到终点啦

◎ 我们才是真的“袋鼠”

◎　我们要“跨得更远”“飞得更高”（组图）

◎　超过你啦……

◎　我保持飞行姿态

◎　我要从这钻过去

◎　我的臂力还不错吧

◎ 老师自制的“户外教具”(组图)(河北大学幼儿园提供)

◎　教师风采（组图）（保定市新华幼儿园提供）

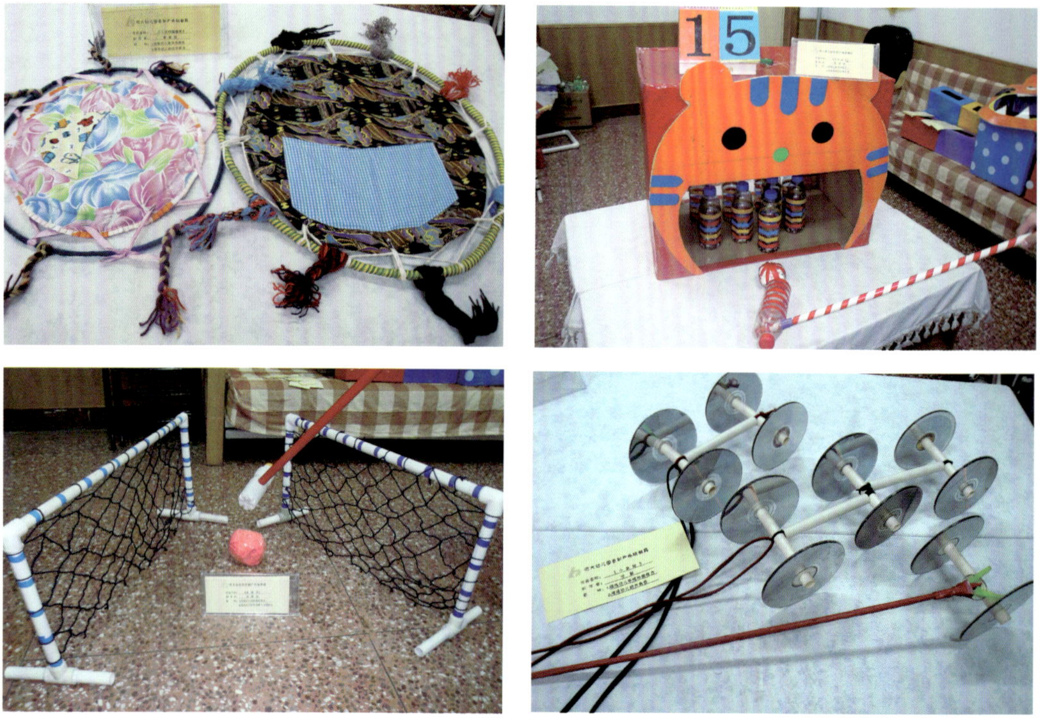

◎ 老师自制教具(组图)(河北大学幼儿园提供)

◎ 户外活动(组图)(河北大学幼儿园提供)

序　言

“我运动，我健康，我快乐!”这是当今幼儿园和家庭的成人们常挂在口头、非常盛行的口号。的确，儿童的教育与发展不仅需要通过教学来开发智慧潜能、提高学习能力，还需要通过有目的、有计划的体育来增进儿童的健康水平。体育与运动对于正处在生长发育阶段的学前儿童来说非常重要，精神的睿智与体魄的强健对于学前儿童来说，两者必须兼备，绝不可选择而偏废。人是身体和心理两方面发展的统一体，正如著名的英国教育家洛克所倡导的儿童绅士教育的理念：“健康之精神寓于健康之体魄。”体育与运动的价值，不仅体现在促进身体发育、体质增强、免疫力提高方面，而且还表现在塑造孩子活泼开朗的性格、养成良好的行为习惯、培养其可持续学习与发展的品质等方面。

德国儿童教育家福禄培尔在其以毕生精力所著的《人的教育》一书中告诫我们：“人的身体必须每时每刻按照精神所要求的那样去服从精神……，身体同精神一样必须经过学校真正的训练。”学前儿童体育，不是纯粹的身体游戏，不是冒险的野趣，更不是拔苗助长的竞技运动。学前儿童体育是一门科学，是教给他们如何运用自己的智慧与精神，通过身体的大肌肉活动来满足自我的身心需要、促进自我身心健康的教育活动。

目前，学前儿童体育还是一门尚未充分研究、让人明了的学科，它需要更多有志于学前儿童体育的志士参与进行具有实践性、科学性、前瞻性、有效性的探索与研究。在当今学前儿童体育理论与实践结合研究成果“乏善可陈”之际，今有“燕赵籍”杨勇名师主编出版了《幼儿体能锻炼指南》一书，实乃可喜、可贺！杨勇出身体育教育专业，为了“成为儿童体育专家”的梦想，在学前儿童体育领域实践、思索、探索了十多年。在此书中，他以“体能活动设计”“体能活动实施”“体能活动评价”为主线，对多年的潜心实践与研究进行了归纳和总结。我为他的“人生理想”“事业追求”“专业水准”“敬业精神”而怦然心动，为学前儿童体育研究领域后继有人而深感欣慰。我相信，杨勇名师主编的《幼儿体能锻炼指南》一书的出版，定会给“百花争艳”的学前儿童体育领域吹入一股深化研究的清风，愿《幼儿体能锻炼指南》一书能给广大的幼儿园教师，特别是专职体能教师以启发、借鉴和指导。

（深圳大学教育学博士、学前儿童体育专家）

2014 年 5 月于深圳

编写主旨

受过“体育教育”专业、“学前教育”专业教育，有十余年幼儿园一线实践工作经验的我，出于对事业的热爱和社会责任感，出于对孩子们的满腔热忱以及个人工作体验，想从体育专业的角度与幼教同行探讨、研究、促进幼儿体能发展的理论和实践活动方法，以提高幼儿园体育活动的质量，是我编写此书的初衷。

一、从心里热爱体育运动

法国思想家伏尔泰说“生命在于运动”。这句话已被全世界各国人民所认可，也是我健康人生的第一指导思想。读懂生命的意义，体味运动的快乐，践行和影响身边的每一个人坚持运动，坚守对体育运动的兴趣和爱好，是一名体育教育工作者的责任。

竞技早于体育，对于世界性的竞技体育运动，我个人酷爱职业拳击，它带给我最强的心灵震撼和越战越勇、永不服输的精神力量，这种精神激励我认真地对待生活和生命的顽强。作为教师，我要把竞技体育运动的品质和精神用孩子们感兴趣的方式传递给他们，以此来提高孩子们对体育运动的兴趣，为培养他们坚强的意志品质奠定基础。

目前，我国体育事业和各项运动技能水平足以与世界强国抗衡，这也体现了我国在世界的经济地位。2012 年伦敦奥运会我国选手以金牌总数和奖牌总数均位居第二的骄人战绩，捍卫了中国作为世界体育强国的地位。这更加激励我为儿童开展“阳光体育”运动奉献绵薄之力。

二、更为关爱幼儿体育

幼儿体育活动通常被理解为不同形式的体育游戏活动，但体育活动的目的和目标性不强。我比较偏重于通过发展幼儿各项身体素质来提高体质健康水平。当然，影响幼儿体质强弱的因素很多，有遗传、疾病、变异、营养状况、生活环境条件、体育活动和身体锻炼等。其中，科学合理的有计划、有目的、有步骤的能适应幼儿的体育活动和体能锻炼，是增强幼儿体质最直接、最积极、最有效的因素，也是增进幼儿健康和提高其运动能力的最有效途径和手段。

我国学生体质监测数据和国民体质监测数据结果表明，近 20 年来青少年肺活量、速度、力量、耐力等体能素质指标呈持续下降趋势，超重和肥胖学生比例不断增加，视力不良检出率居高不下。整体表现为肌肉软、关节硬、耐力差、动作笨、心肺功能不强等现象。要提高全民族的国民体质，学校体育教育必须得到重视，必须让孩子们从小对体育活动感兴趣。为此学校体育教育的重中之重就必须有牢固的根基，一定要从基础教育中的幼儿园体育教育抓起，达到体教合一。

出于对幼儿体育教育事业的热爱，本人一心想踏踏实实地为孩子们做点事，愿意和孩子们一起玩耍一起游戏，共同锻炼身体。本人在努力学习专业知识和研究教育教学方法的同时，查阅了大量资料，对我国百年来幼儿教育尤其是幼儿体育的发展状况进行了解、学习、对比考证、反思整理，目的是提高幼儿园体育活动和增强幼儿体质，制订出相对现实的、易控的、大众的“幼儿体育活动和幼儿体能锻炼计划”及“活动方案参考”。愿意与同行分享和探讨，希望大家给我勇气、鼓励、支持，同时恳请大家给予批评指正。

杨　勇

2014 年 5 月

目　录

第一章　我国幼儿体育教育发展状况

幼儿教育起源于欧洲，在中国也已有百年的历史。

第一节　幼儿体育教育发展历程概况

一、清末时期

（一）教会治学

19 世纪末，西方各国幼儿教育的基础已经确立，而中国本土的幼儿教育可以用“零”来形容。当时，中国的幼儿教育主要是以西方教育为主，主办者是教会，主要招收教徒的子女和少数的贵族子弟。1898 年，英国基督教的长老运用西方方式创办“怀德幼稚园”，即现厦门鼓浪屿日光幼儿园的前身。

英美两国教会先于我国在厦门、苏州等地举办了幼师培训班，给当时的教会制幼稚园增添了师资力量，至 1902 年外国教会在我国开办的幼稚园已有 6 所。

（二）蒙养院的建立

1903 年，端方所奏《办学堂折》主张兴办教育首重基础，同年 9 月在张之洞的推动下，中国第一所官办幼儿教育机构——湖北幼稚园在武昌创办（原址武昌阅马场，现址武昌梅苑小区，现更名为“湖北省实验幼儿园”），这标志着我国现代幼儿教育的开端。

1904 年 1 月 13 日，清政府颁布了《奏定蒙养院章程》及《家庭教育法》章程。设定蒙养院的教育目标是“保全身体之健旺、培养天赋之美才、习惯善良之言行”。可见“保全身体之健旺”是第一位的。

二、民国时期

1922 年，国民政府教育部正式将幼儿教育机构的名称定为“幼稚园”，明确幼儿教育是国民体系中的第一阶段。陶行知、张雪门、陈鹤琴、张宗麟等教育专家在理论联系实际的前提下，开始了幼儿教育中国化、本土化、科学化的探索和研究。他们是现代幼儿教育的开拓者和奠基人。

三、新中国成立初期

（一）稳步发展阶段

新中国成立初期，幼儿教育（包括幼儿体育教育）是以学习苏联为主进行的。

1. 师资培养

新中国成立后，教育部门十分重视幼教师资的培养。1950 年全国仅有幼儿师范学校 1 所，到 1956 年增加到 21 所，分别设在直辖市和省会城市，这些幼儿师范学校为当时发展幼儿师资做出了很大贡献。此外，教育部门对幼儿师资的体育教学能力和水平也作了明确规定。1956 年 2 月《教育部关于颁发师范学院教育系幼儿教育专业暂行教学计划及说明的通知》中，对“幼儿园活动性游戏与体操教学法”的目的和包含的主要内容进行了说明。

2. 机构的建立

1951 年颁布的《关于改革学制的决定》规定：“实施幼儿教育的组织（机构）为幼儿园。幼儿园收三足岁到七足岁的幼儿，使他们的身心在入小学前获得健全的发育。”

1952 年 3 月教育部颁布了《幼儿园暂行规程（草案）》，指出幼儿园的任务：“根据新民主主义教育方针教育幼儿，使他们的身心在入小学前获得健全的发育……”在此规程中，“体育”被列为规定教育项目，并对幼儿体育教育有了明确的目的、计划和学科教学思想。这是新中国成立以来第一次将“体育”以法令形式列入幼儿教育的课程内。

（二）曲折发展阶段

1. 大起大落

1958 年在“左”的思潮影响下，幼儿教育在“大跃进”中盲目地发展，短时间内，各地幼儿园，特别是农村幼儿园数量急剧增加。到 1960 年，全国幼儿园数量已经达到 784905 所，入园幼儿达 2933.1 万人。这样的发展速度，大大超越了我国当时城乡的经济发展水平。1959 年下半年国家开始遭遇自然灾害，人民生活遇到了前所未有的困难，农村幼儿园便大量地自动解散了。一批城市街道幼儿园也是 1958 年“大跃进”的产物，为了支持广大的妇女参加社会生产，在城市街道中由群众办起托儿所、幼儿园，其体育状况与农村幼儿园基本相同。后来经过调整，1963 年的幼儿园数量恢复到 1957 年水平，幼儿体育教育才重新开始好转。

2. 理论

由于没有足够的物质和资金支持，这一大批新发展的幼儿园体育设施简陋，教师水平低下。当时，农村幼儿园选派当地年老体弱、诚实可靠的妇女当老师，她们没有文化，更不懂幼儿体育教育，所以多数幼儿班处于“看堆放羊”状态，并没有“体育”教育可言。1958 年，“左”的错误影响了幼儿体育教育，出现混乱局面。1958 年 8 月，在上级授意下，北京师范大学教育系学前教育专业学生对《幼儿园教育工作指南（初稿）》大肆批判。同时，教育部主办的《学前教育》杂志和《老师报》《人民教育》停刊，以上几种重要传播媒介的退出使幼儿教师失去了交流幼儿体育经验的平台和吸收幼儿体育知识的“土壤”。幼儿教师的体育水平停滞不前。

四、遭破坏的“文革”时期

1966 年 5 月至 1976 年 10 月，我国发生了史无前例的“文化大革命”，整个国家全面遭到浩劫，幼儿教育界不可避免地卷入了这场风暴，幼儿体育教育同样遭受了严重的破坏。

（一）师资的流失

由于幼儿师范学校停办，短期培训师资工作也时有时无，师资奇缺，不得不吸收大量的高中、初中毕业及初中肄业的未受过专业培训的青年充当老师及保育员，幼儿体育师资远远得不到保障，更不用说幼儿体育教学了。

（二）体育教育的破坏

幼儿园合理的生活制度、科学喂养、生活管理、卫生保健措施、安全保护，以及基本动作训练、利用自然因素锻炼等必要的体育工作内容均被批判为“资产阶级方向、资产阶级生活方式”，致使幼儿园失去了科学的生活管理，生活制度不坚持了，营养计算、体格检查不做了，幼儿生活无常规可循。至于开展丰富的体育活动，有计划地锻炼幼儿的身体，练习基本动作也被停止，取而代之的是“集体放羊”，一时间兴起了供成人欣赏，不利于儿童身体健康的大型体操表演和大型运动会。

幼儿体育玩具、器材等遭到销毁。幼儿喜爱的体育玩具、器材等，在一片批判“修正主义”的风浪中被作为培养“修正主义”苗子的黑货，视为禁物，遭到烧毁或封禁。

五、恢复与发展时期

1977 年党的十一届三中全会以后，幼儿教育领导机构逐渐健全，幼儿园的数量和入园幼儿人数也得到稳步发展。幼儿体育教育在相对稳定的背景下，进入了恢复与快速发展阶段。在“素质教育”理念的影响下，幼儿体育教育在政策法规层面获得了更加重要的地位。幼儿体育以“健康”之名排在幼儿教育的第一位。

第二节　幼儿园体育教育活动概况及现状

一、幼儿园体育教育活动概况

1956 年，教育部对幼儿体育活动时间作出规定。1956 年 11 月，教育部颁布了《关于幼儿园幼儿的作息制度和各项活动规定》，指出拟定作息时间表时应注意：“要保证幼儿充足的户外活动实践，冬季要保证幼儿每天有 3—4 小时，春秋两季暖和天气及夏季各种活动尽可能都在户外或户外阴凉处进行。”该文件还附有各种幼儿园作息时间表，其中幼儿每天“早操”“户外游戏”“体操”等活动的总时间都在 3 个小时以上。

1981 年 10 月，教育部颁布《幼儿园教育纲要（试行草案）》，将幼儿园各年龄段幼儿身体动作作了明确的说明和要求，并规定幼儿园每天保障幼儿至少 2 小时以上的户外活动，寄宿制幼儿园 3 小时以上；同时强调小班每周一次“体育课”，中大班每周各两次“体育课”。

2006 年，国家提倡“阳光体育”运动，但大多数幼儿园只是流于形式，对全民体质的提高没有起到太大的作用。增强国民体质，幼儿体育教育是首位，然而当下中国的幼儿体育教育现状令人担忧。

二、幼儿园体育教育活动现状

1. 幼儿体质现状

近 20 年来我国青少年体质持续下降。权威调查显示，目前中国少年儿童的体质相距发达国家体质差距较大。大多数表现为肌肉力量差、关节硬、动作发展缓慢，而且肥胖率和近视率逐年增加。在幼儿园里经常会见到小胖墩和弱视、斜视等视力不良现象。幼儿体能持续下降，对运动缺乏兴趣，耐力、力量、速度、柔韧、心肺功能等各项运动指标下降。由此可见，我国青少年体质下降的主要原因是基础教育阶段不重视幼儿对体育活动的兴趣造成的。

2. 幼儿体育教学缺乏系统性

陈鹤琴等 1929 年统编的《幼稚园课程暂行标准》中就明确规定了幼稚园体能标准包括每天户外活动时间、各项运动等，至今已近百年。2001 年，国家颁布了《幼儿园教育指导纲要（试行）》，把健康领域放在五大领域之首，这无疑将幼儿体育教育的重要性排在了首位。但从当前幼儿园体育教学实施的角度来看，绝大多数幼儿园并没有将幼儿体育教育作为一项专门的整合课程来实施，基本上流于形式或和单纯的身体游戏混为一谈，甚至连最基本的每天至少 2 小时的户外活动时间都很难保证。幼儿园的体育教学工作既不能完全独立进行，因为那将违背幼儿身心发展，也不能和其他领域的课程混为一谈来教授，一定要专业性地、目的性地、整合性地、系统性地制订全园幼儿体育教育工作计划，有条件的幼儿园可由专职体育教师负责实施。

3. 幼儿体育教育的安全制度不健全

大多数幼儿园没有建立“体育活动事故”专项应急预案，只是放在“教育教学常态安全事故”应急预案中。这样就会造成安全责任不明确、记录备案不清楚的混乱局面。在体育活动中经常会出现小擦、小碰事件，即使这样也要有详细的记录和妥善的处理过程以备不时之需。要设立体育活动重大事故应急预案，并由专人负责，就是要开展关于“幼儿体育活动中的安全保护研讨”活动，要落实到每一个人。对幼儿体育活动器材的登记检查与管理收放要有专人负责。把幼儿体育教学过程中安全制度常规化是保障幼儿体育工作的先决条件。

4. 专业幼儿体育师资不足

幼儿园教师确实应该多才多艺，对幼儿园教师的考核是全方位的，首先要有掌握全科教学技能的本领，从绘画到手工、从弹琴到舞蹈、从歌唱到艺术几乎无所不能，但对于幼儿体育教育方面的考核却从来没有，而且也不对教师进行要求。当然，在我国目前还没有某所大专院校专门设立“幼儿体育教育”专业，这样就造成幼儿教师对幼儿体育基础知识的欠缺。有一部分幼儿体育教师学的不是“体育教育”专业，只是在实践中自学过或参加过培训，或者是即便系统地学过体育知识，但对幼儿教育的相关问题不是很了解，最终还是影响到了幼儿体育教育的质量。由此不难看出，在当前状况下，幼儿体育教师不但要掌握有关幼儿身心发展和年龄特点的一般规律，还要深入地了解有关体育知识及幼儿体育教育教学应遵循并遵守的特殊规律。

另外，在我国，幼儿园教师普遍学历不高，即使是有高学历者大多数也是通过后继再修获得，这也是影响幼儿体育教育的一个重要因素。

5. 场地设施不够完善

幼儿园的场地设备设施是保障幼儿从事体能锻炼、户外活动，增强幼儿体质、增进健康的物质基础。因此，幼儿园户外活动场地的大小和设备设施的完善程度影响着幼儿园体育教育的发展状况和质量。多数幼儿园的户外场地面积不达标，软硬质场地区分不明显，供幼儿游戏和玩耍的设备设施配备不足。目前，公办园和民办园的幼儿体育现状差距很大，但相同点就是对幼儿体育教育硬件和软件建设的投资都不够重视。这也反映出政府和教育部门对幼儿体育方面的重视程度不够，资金投入不够，监管力度不够。这也严重影响了幼儿身心发展和体育活动锻炼的正常开展。

6. 家长对幼儿体育教育漠不关心

目前，即使“素质教育”的口号喊了好多年，但最终还是以分数来评判学生，很少有家长做到“健康第一、教育第二”的教育原则。更可怜的是在当下中国基本已扫除文盲，可还是有一大部分声音自上幼儿园起就相互比较谁家孩子学的知识多、认字多，存在盲从地学习英语、盲从地上学前班等诸多教育理念误区。教育观念决定教育质量，在当下中国的家长还是让孩子以学知识为主，忽略了对幼儿身心的教育，更不用谈要想让自己的孩子健康一生必须从幼儿对体育活动的兴趣抓起。即使是在正常的体育活动中自己的孩子受了点伤（例如磕破了皮、擦伤了腿等小磕小碰）家长都接受不了，一般的解决办法为对老师或幼儿园“不依不饶”。这也使开展体育活动受阻。

7. 过分强调安全，幼儿体育活动受限

近几年，中国的体育教育从小学到大学，基本都是以“看堆放羊、自由活动”为主，以“平平安安、不出安全事故”为目标。有一部分学校将一些难度大、危险系数高的体育运动项目在日常体育课中删掉，比如单杠、双杠、滚翻等，甚至个别学校取消了体育课，目的就是防止发生运动损伤和安全事故。在幼儿园里也存在着同样的现象。可有多少人在为孩子们着想，又有多少人能够给予孩子们应该享有的充分享受体育活动的权利呢？尤其是民办幼儿园更为严重，教室里挤满了孩子，可几乎看不到像样的符合要求的供孩子们自由户外活动的空间，这样的幼儿园不在少数。如此就更谈不上幼儿体育教育了。为了在体育运动过程中不发生安全事故而限制幼儿户外活动的时间是绝对不可取的。幼儿与生俱来就有运动的自我保护能力，运动兴趣越高，运动能力就越强，自我保护的能力就越强。最重要的是幼儿的运动技能是通过反复锻炼来提高的。只要有足够的责任心、正确的引导和具备必要的安全保护措施，松开心，放开手，孩子们一定会给我们惊喜的。相反，限制和压抑孩子的运动潜能才是体育运动中安全事故的隐患。

8. 过分强调男教师是“户外专家”

在当下中国有两大岗位备受争议和轻视：一是幼儿园男教师，二是男护士。以本人的经历来讲，如果一个真正有想法的人选择这两个岗位，从内心上是会欣然接受的，甚至会梦想在自己的领域中有所突破和贡献。可我身边的好多人即使是开始选择了，最终坚持下来的也寥寥无几。首先是因为政府对选择这两个岗位的鼓励、支持、宣传力度不够，更重要的是传统舆论的压力使他们无所适从。

但从幼儿园的实际需求来看，还是需要一大批男教师的。一是增加幼儿园的阳刚之气，二是弥补行业性别缺失。但大多数幼儿园没有给男教师一个明确的定位，男教师的身份比较多，例如“老师”“保育员”“勤杂工”“保安”等，久而久之也就磨灭了自己的梦想。多半的幼儿园只要有男教师进入，基本就定位为“体育老师”。领导们的初衷是好的，主要是想让男教师来活跃气氛，带动孩子们的阳刚之气（和孩子们一同活动，带操，上体能活动），这样就会使部分男教师感到很尴尬，因为做自己不擅长的事情就等于受到压抑。在幼儿园选择男体育教师时，责任心强、爱好户外运动、对幼儿体育教育感兴趣的男教师才是最佳人选。所以，在幼儿园里无论男女教师都要各尽所能，对幼儿体育教育进行全面的研讨、培训和整合，共同努力，为孩子的身心发展奠定基础。

第二章 《幼儿园教育指导纲要（试行）》的颁布与实施

《幼儿园教育指导纲要（试行）》于 2001 年颁布，这标志着中国幼儿教育改革进入了一个全新的阶段。

第一节 《幼儿园教育指导纲要（试行）》的教育目标与要求

幼儿园的教育目标可以通过健康、社会、语言、科学和艺术等五大领域的教育来实现，各个领域的教育应该相互渗透、有机结合。

一、领域的含义

幼儿园健康教育的目的是保护幼儿的生命和促进幼儿的健康，提高幼儿期的生活乃至生命质量。“保护幼儿的生命”是由幼儿身心发展的特点所决定，而“促进幼儿的健康”是由幼儿健康的特有价值所决定。幼儿园健康教育是要根据幼儿身心发展的特点，通过适宜有效的多种活动，提高幼儿的健康认识水平，培养幼儿的健康态度，锻炼幼儿的健康体魄，养成良好的生活习惯。

幼儿园健康教育包括身体健康、心理健康、社会适应和生活卫生习惯。

二、目标

（1）身体健康，在集体生活中情绪安定、愉快；

（2）生活、卫生习惯良好，有基本的生活自理能力；

（3）知道必要的安全保健常识，学习保护自己；

（4）喜欢参加体育活动，动作协调、灵活。

三、内容与要求

（1）建立良好的师生、同伴关系，让幼儿在集体生活中感到温暖，心情愉快，形成安全感、信赖感。

（2）与家长配合，根据幼儿的需要建立科学的生活常规。培养幼儿良好的饮食、睡眠、盥洗、排泄等生活习惯和生活自理能力。

（3）教育幼儿爱清洁、讲卫生，注意保持个人和生活场所的整洁和卫生。

（4）密切结合幼儿的生活进行安全、营养和保健教育，提高幼儿的自我保护意识和能力。

（5）开展丰富多彩的户外游戏和体育活动，培养幼儿参加体育活动的兴趣和习惯，增强体质，提高对环境的适应能力。

（6）用幼儿感兴趣的方式发展基本动作，提高动作的协调性、灵活性。

（7）在体育活动中，培养幼儿坚强、勇敢、不怕困难的意志品质和主动、乐观、合作的态度。

四、指导要点

（1）幼儿园必须把保护幼儿的生命和促进幼儿的健康放在工作的首位。树立正确的健康观念，在重视幼儿身体健康的同时，高度重视幼儿的心理健康。

（2）既要高度重视和满足幼儿受保护、受照顾的需要，又要尊重和满足他们不断增长的独立要求，避免过度保护和包办代替，鼓励并指导幼儿自理、自立的尝试。

（3）健康领域的活动要充分尊重幼儿生长发育的规律，严禁以任何名义进行有损幼儿健康的比赛、表演或训练等。

（4）培养幼儿对体育活动的兴趣是幼儿园体育的重要目标，要根据幼儿的特点组织生动有趣、形式多样的体育活动，吸引幼儿主动参与。

第二节 对健康教育目标与内容要求的理解

一、对健康的理解

提高健康教育质量，增强幼儿体质，理解健康教育目标与内容要求是重要条件。

健康是指身体健康、心理健康和具有良好地适应社会环境和自然环境的能力。

1. 身体

幼儿的身体指的是身体形态和身体素质。通过幼儿感兴趣的方式，在走、跑、跳、攀、爬等各项运动技能的游戏中灵活巧妙地运用自己的身体来进行活动。

2. 心理

满足幼儿最大的心理需求的标准就是使幼儿有安全感、愉悦感、信任感。要为幼儿提供一个宽松、接纳、理解、支持的精神环境，让幼儿积极、主动、愉快地参加各种活动。

3. 适应能力

幼儿的适应能力主要体现在对环境的要求上，室内、室外教育环境要符合安全卫生的要求。户外体育活动场地、运动器材种类丰富、多样，能满足不同年龄幼儿锻炼和选择的需求。

二、体育教学中的名词解释

（一）身体素质

1. 力量素质

力量，是人体运动的基础。力量素质，是指在肌肉收缩时所表现出来的一种能力，也可以理解为克服阻力的一种能力。

2. 耐力素质

耐力素质，是指人体在尽可能长的时间里进行肌肉活动的能力，也可以看作是抵抗疲劳的能力。耐力的分类较复杂，就人的整体来讲，耐力素质体现了肌肉耐力、心肺耐力和全身耐力的综合状况，由此可以看出，耐力素质的提高与肌肉组织的功能、心肺系统的功能以及身体其他基础系统的功能密切相关。

3. 调整素质

调整素质：是指力量素质、耐力素质以外的所有其他基本的身体素质的总称。其基本要素包括平衡能力、速度、柔韧性、灵敏性和协调能力等。

速度：是指人体进行快速运动的一种能力。速度的表现形式主要有反应速度、动作速度和周期性运动中的位移速度。

柔韧性：是指人体活动时，关节、肌肉、肌腱和韧带的活动范围或伸展能力。

灵敏性：是指在复杂的条件下，对刺激做出快速、准确的反应，灵活控制身体和随机应变的能力。

协调能力：是指在进行身体运动的过程中，调整与综合身体各部位的动作，使之和谐而统一的能力。

平衡能力：是指抵抗破坏平衡的外力，以保持全身处于稳定状态的能力。

（二）身体质量

1. 体质

体质是指人体的质量，具体来讲就是指在遗传性和获得性的基础上表现出来的人体形态结构、生理功能和心理因素的综合的、相对稳定的特征。体质在形成和发展的过程中具有明显的个体差异性和阶段性，不同的人其体质的差异主要表现在形态发育、生理机能、心理状态、身体素质、运动能力，以及对环境的适应和对疾病抵抗力等方面；从水平上包括了最佳功能状态，到严重疾病和功能障碍的多种不同的水平。同时人的不同生长发育阶段如婴幼儿期、儿童期、青少年期、中老年期，体质的状况是不断发展和变化的，既有共同的特征又有不同阶段的特殊特征。人们可通过改善物质生活条件、建立健康的生活方式，有目的、有计划、有步骤的采用科学的身体锻炼手段来保持良好体质的状况，不断地增强体质，增进健康。

2. 体格

体格是指人体形态、结构和生理机能的发展状况。主要包括人身体形态的生长发育水平，即体形、姿势、营养状况及身体成分等。生长主要指由小到大、由轻到重、由矮到高的变化过程，它是构成人体细胞不断繁殖和细胞间质不断增多的结果，反映人体量的渐变过程。发育是指人体细胞和器官不断变化、形态逐渐完善、机能逐渐成熟的过程，反映了人体质变化的复杂过程。人体的生长发育是相互依存、相互促进、密切关联的。体形正常、身体姿势端正，可以促使人的身体外形完美，并在某种程度上反映着人体生理机能的完善程度。体格的健壮是体能发展的基础。

3. 体能

体能是指人体在从事身体运动时所表现出来的能力。它包括身体素质和运动能力的发展水平，即心肺耐力、柔韧性、肌肉力量和耐力、速度、爆发力、平衡、灵敏、协调、反应时间等身体素质，以及走、跑、跳、攀爬、投、平衡等身体活动能力。体能发展的过程，是促进人体形态、结构和生理机能协调发展的重要因素。

4. 体能与体质的关系

体能属于体质的范畴。

二者是相互联系、相互促进的，是完整的统一体。

体能锻炼是增强幼儿体质最有效、最直接的途径和手段。

第三节 幼儿体育教育的原则

一、尊重

“尊重”就是要求教师做到《幼儿园教育指导纲要（试行）》中提出的“尊重幼儿的人格和权利，尊重幼儿身心发展的规律和学习特点；尊重幼儿的发展水平、能力、经验、学习方式等方面的个体差异”。教师不能想当然去指导幼儿，更不能以成人的思维定式去看待幼儿，要更新教育观念，转变教育思想，去了解和接纳幼儿的一系列特点。

二、了解

“了解”一词在这里有两个层面的含义：一方面教师首先要了解自身的素质

和素养，用实事求是的原则来补充能量；另一方面教师要了解幼儿身心发展特点，掌握有关生理、运动心理等方面的基本保健知识和简单的护理技能，注重幼儿身体和心理两个方面的健康教育，关注幼儿在生理和心理方面的个体差异。

三、快乐

首先教师要以极高的热情和激情投入每一次的教育活动中去，发自内心地引导幼儿、启发幼儿并从中体验和感受师生互动的成果与快乐，培养幼儿对体育活动的兴趣，让他们喜欢参加体育活动，动作协调灵活，在集体活动中情绪安定、愉快，更重要的是让幼儿在各项活动中获得成功时所体验到的发自内心的成功感、胜任感和自信心。幼儿在成功、进步时一定是高兴的，觉着自己很棒、有价值，这种感觉会使幼儿发自内心地感到快乐。

四、运动

以游戏的形式开展体能锻炼，使幼儿的各项运动技能得到科学合理的提高，增强体质，增进健康。教师应掌握幼儿运动技能的基本形式和内容、体能锻炼的计划及其方法、幼儿体质标准和测查方法、幼儿园体育常规的内容形式。要解决幼儿园教师在体育活动上的盲区，使他们学习体育教法并付诸实践。

五、保护

让教师了解幼儿的生理特点和运动特点，掌握体育运动保健常识，在体育活动中让幼儿学习必要的安全保健常识，学会保护自己。

第三章　幼儿体能活动

本章重点阐述幼儿园开展体能活动的必要性，它是培养幼儿运动技能的核心，更是幼儿培养正确的身体动作和提高各项身体素质的关键途径。要让广大幼儿教师理解和掌握幼儿体能活动的常规培养、设计、实施、运动强度等相关指导思想和注意事项，在开展幼儿体能活动时给以安全实效的指导。

第一节　幼儿体能活动的设计

提到“幼儿体能活动”，许多幼教工作者最先想到的就是“小学化”。在这里要强调，其实赋予“体能活动课”这个名字并不重要，重要的是强调和关注这个名字本身应该得到重视的真正含义。名字虽然和学校里的是一样的“课”，我们通常在教研活动中使用，但教学形式和内容与学校教学有着本质的区别，所以我们称之为“幼儿体能活动”。

一、幼儿体能活动的定义

“体能活动”是指在有限的时间内科学合理地，有计划、有目的地设计和完成并提高幼儿运动技能的一种活动形式。通过对幼儿运动的指导，使幼儿了解身体并巧妙地使用身体发展其身体素质、意志、认知机能等能力，富有创意地表现自己，促进情绪的成熟和社会性的发展。

二、身体运动智能的定义

身体运动智能是指一个人善于运用整个身体来表达自己的想法和感觉，以及运用双手能灵巧地去创造出、改造出一些事物。换句话说，就是指运动整个身体或身体的一部分解决问题或制造“产品”的能力。它是人类认知的基础，源自我们体验生活时所获得的感官运动经验。这项智能主要是由中枢神经系统支配身体肌肉行动的生理表现，如身体表现出来的速度、力量、耐力、柔韧、灵巧、协调、平衡、敏捷等一些应具备的身体素质，以及由触觉引发的一些能力，如跑、跳、投、攀、爬等。

三、体能锻炼和体育活动的区别

体能主要是指人体在从事身体活动时表现出来的能力，它包括身体素质和身体基本活动两个方面的发展水平。体能发展的过程是促进人体的形态结构和生理机能协调发展的重要因素。通过对体能的锻炼，能使人的潜能得到充分的发掘并加以强大，是一种有效地提高身体各项素质和基本活动能力的运动，而一般的体育活动只是锻炼身体，不注重运动技能的准确性和运动量，在力度和强度上达不到充分挖掘潜能的效果。

四、设计幼儿体能活动的指导方向

以运动为主体，用游戏的方法，通过教育来指导，从而达到培养身心发展的目标。幼儿体能及身体素质的培养必须注重发展的整体性，避免流于狭义的体能训练。

五、幼儿体能活动的设计原则

（一）适应原则

教师在设计幼儿体能活动时，要做到心中有数，必须根据幼儿的身心特点、年龄特点来创设运动技能的难易程度和运动量的大小，要用幼儿感兴趣的方式和游戏形式来完成身体运动。

（二）游戏原则

游戏是幼儿的工作，各项活动的开展都离不开游戏的主线。避免成人化的教学，在每个动作需要完成时先要赋予这个动作一个故事或是一个幼儿感兴趣的名字，以此来激励幼儿完成动作的兴趣。

（三）实况原则

根据本园的具体情况和现状因地制宜地设计场地、投放器械或自制教具。不要凭空想象、凭空设想，真到实际操作的时候困难重重，不但达不到预期效果，还会出现课堂混乱局面。

（四）量控原则

组织每一次体能活动时，最先想到和预计的就是如何把控活动过程中的运动量。教师要根据运动技能的难易程度和活动时间来预计和设计运动量的大小。对运动量的把控是防止幼儿在活动过程中过度疲劳造成身体伤害的先决条件。

（五）放松原则

放松原则是指在活动的过程中，师幼之间有一个健康的、良好的活动环境和氛围。这就要求教师活动前要有假想，自行设定环境欢乐的场面和效果。最重要的就是教师心理上的放松，做到心中有数，预见可能会发生的事并准备应对措施。

（六）灵活原则

即便是设定好的教学内容和游戏形式，也有可能会因为活动场地的临时变更、季节温度的变化影响预计的效果。要求教师不但要有灵活的头脑和随机应变的能力，最重要的是能在实施的过程中不断地调整自己教学的最佳方案，以求达到顶级效果。

（七）差异原则

就是在活动的过程中要考虑和照顾到幼儿的个体差异。

六、幼儿体能活动的组织结构

（一）准备部分（引起动机阶段）

一般情况下，先用简明扼要的语言向幼儿介绍本次活动的游戏内容，给幼儿以新鲜感和神秘感；然后就是常规教学内容，例如检查着装、师生问好、队列队形、口令练习等；接着就是运用各种形式（如音乐、口号、韵律操等）带领幼儿进行热身和相关活动的练习。一般需要 5—8 分钟。

（二）基本部分（正式活动阶段）

运用 2—3 个游戏形式巩固运动技能的准确性和熟练性，循序渐进地提高运动强度和练习密度。一般需要 10—20 分钟。

（三）结束部分（结束阶段）

让幼儿收心及分享，引导幼儿身心放松，利用各种舒缓音乐、儿歌、民谣等来放松身体，对活动的相关部位进行重点放松按摩，调整呼吸，分享快乐。一般需要 5 分钟左右。

第二节　幼儿体能活动的运动量及评价

幼儿体能活动的开展，重点强调幼儿在有限的时间内达到一定的运动强度，在增强心肺功能的同时达到对身体运动技能的巩固和各项身体素质的提高。教师必须有能力把控运动量的大小，更需要理论基础知识做根基，来指导体能活动实施过程中对运动量的合理安排。

一、幼儿体能活动的活动量安排

无论采取何种类型的幼儿体能活动，也无论其结构如何变化，幼儿体能活动活动量的安排都必须适应幼儿身体生理机能活动变化的规律特点，活动量应由小开始逐渐增大，再由大逐渐减小。根据一些科研资料及本人对幼儿体能活动的多年实践，较适合幼儿体能活动活动量的参考数据如下。

课前心率与课后心率之差：50—60 次/分；

课中平均心率：140—160 次/分；

最高心率：小于或等于 180 次/分；

心率恢复时间：5 分钟以内；

课的练习密度：50%—70%；

幼儿体能活动的总时间：小班 20—25 分钟，中班 25—30 分钟，大班 30—35 分钟。

二、幼儿体能活动运动量的注意事项

（一）注意运动强度与密度的合理搭配

为了保证幼儿体能活动活动量的适宜，体能活动的强度和密度要综合地加

以考虑，注意合理搭配与协调。如果运动的强度较大（如速跑、爬行、连续跳等），则运动密度可以适当减小一些，使幼儿有适当的休息时间；相反，如果运动的强度较小（如钻、走、平衡等），运动密度则可以适当增大些。一般来讲，幼儿体能活动中包含有一种或几种身体动作的练习或综合动作练习时，各种身体动作的练习和活动之间，教师更需要对运动的强度和密度进行灵活、合理安排。

（二）注意上肢活动与下肢活动的有机结合

在一节幼儿体能活动中，身体动作练习部位的选择应尽可能考虑到幼儿上肢与下肢的结合。以重点动作作为目标进行练习，上下肢结合为辅，减少某一肌肉群疲劳过度情况的发生。

（三）注意季节、气候的特点变化

在不同的季节、气候条件下，幼儿体能活动活动量的安排也应有所差异。例如，在秋冬季节，活动量可以适当加大，多选择一些奔跑、跳跃、障碍、踢球等以增强心肺功能和下肢力量为主的动作练习，这样就能使幼儿在较寒冷的户外进行活动时不觉得身体很冷。如果是在夏季，由于天气本来就比较热，身体稍加运动就会出汗，这时，活动量就应该安排得小一些，可以多选择钻、投掷、柔韧等技巧性为主的动作练习。总之，无论是哪个季节，教师要引领幼儿每天适应天气变化，增强人体的适应能力。

三、幼儿体能活动运动强度的评价

幼儿体能活动的运动强度和运动负荷的大小直接影响到幼儿的身心健康。运动强度过大会造成幼儿身体过度疲劳、身体不适，影响正常的生活和教育活动，更重要的是会造成幼儿对体育活动的厌倦，不愿意继续参加体育活动；如果运动强度过小，既达不到锻炼身体的目的，也完不成预定目标，致使幼儿体能活动形同虚设。一般来讲，幼儿体能活动运动量的掌控和评价可通过以下两种途径来进行。

（一）观察表象评价法

观察表象评价法是比较常见的评价方法，是指幼儿在运动过程当中，教师通过对幼儿表象所表现出来的各种能力和生理反应，来判断幼儿在此次活动中运动强度的大小、幼儿的接受能力如何、运动负荷是否适中，主要通过幼儿的倾听能力、反应能力、情绪反应、动作是否协调等方面来判断。在教学过程中，教师可参考以下列表来评价幼儿在活动中的运动强度和负荷大小，从而保证幼儿的健康。

幼儿运动表象评价表

运动状态	观察内容	运动强度		
		中度	高度	过度
运动中状态	面色	面色红润	面色相当红	面色过红或苍白
	排汗量	脸颊或后背有潮湿感	脸颊有汗液流下	大汗淋漓
	呼吸状态	呼吸较快	呼吸加快	呼吸急促，节奏紊乱
	动作或触摸肌肉	协调、准确，步态稳重，肌肉无痛感	协调、准确，但步态不均匀，肌肉酸胀	动作失调，步态不稳，肌肉疼痛
	反应力	注意力集中，反应较快	倾听力、反应力适中	注意力不集中，反应迟缓
	情绪状态	情绪乐观	情绪乐观，但双臂下垂不自然	精神疲倦
运动后状态	用餐状态	食欲良好	食欲增加	食欲不佳，进食减少或呕吐
	睡眠	睡眠良好	入睡快，睡眠正常	入睡慢，睡眠质量差
	情绪状态	情绪乐观，状态稳定	情绪正常，有懒惰状	情绪低落，厌倦运动
备注	在教学过程中运动强度分为高、中、低，只要交替进行、不连续、责任心强，就不会发生不愉快的事情			

（二）生理负荷检测评价法

生理负荷检测评价法是比较科学合理的检测方法，测查的项目和形式有很多种，通常比较实用的是脉搏测定法。幼儿的脉搏跳动一般不清晰、不明显，大部分的时候建议教师用手触摸颈部动脉来检测。

首先在活动前选定测查对象，明确分工，跟踪测查并记录，准备好秒表、笔和记录表随机填写。一般选定中等发展水平的幼儿男、女各 1 名，有条件的幼儿园可多选几名，这样测定出的结果更科学合理。上课前 5 分钟先测定安静时心率。

然后在活动中采用非定时测定法，该方法比较简单，但测的次数尽量多些。每次测定一般情况下测 10 秒，然后乘以 6，就是 1 分钟的心率次数。

大多数幼儿心率恢复时间在 5 分钟以内，最后将所得的数据整理后分析并反思。

第三节　幼儿体能活动的实施

幼儿体能活动是幼儿园体育教学过程中的基本教学活动，是科学性、计划性、目标性很强的户外体育运动形式，要求教师在实施的过程中参考以下方面进行。

一、活动准备

教师按教学计划精心设计每次教学活动，围绕目标制定符合幼儿年龄特点的游戏运动和基本内容。认真熟悉整个活动过程的内容、形式，预计活动过程中可能出现的问题，做好心理准备。教具准备齐全，对场地的安全要提前查看并作妥善处理。

主班教师要提前和配班教师沟通活动中的安全保护、基本内容、教具使用、队形变换等相关工作，让配班教师充分了解自己在体能活动过程中的本职工作并合作完成。

主班教师还要根据季节的变化预计天气情况，最好有备用方案以备不时之需。尽量不要遇有雷雨或大雪天气就取消幼儿享受体能活动的权利，要及时调整为室内进行，或和孩子们一起欣赏雨雪，和他们互动也是一种美。

二、活动过程

教师要按体能活动的设计方案进行教学，没有特殊情况不要随意改动教学内容，以免带来不必要的麻烦。如果经常在活动中改动教学内容或形式，会影响幼儿园体能计划的系统性，同时也给自己和配班教师带来互动过程中的不和谐，影响正常教学质量。在教学过程中要有完整的层次感，运动强度和密度有机结合，尤其是准备活动和结束放松活动千万不要草草了事，要充分达到准备和放松的效果。特别强调的是，在每进行一项游戏或动作技能前，最先向幼儿说明的就是安全保护，其次是交代清楚游戏的规则和要求，这是保证安全和运动质量的先决条件。

三、跟踪问询

体能锻炼是增强幼儿体质最有效的途径，然而体能锻炼也是幼儿身体机能受伤的常见原因。活动结束后教师要检查一下幼儿的身体状况是否出现异常，尤其是在活动过程中有磕碰现象的幼儿。如果当天的运动量过大，幼儿比较兴奋，教师一定要在第二天问询一下幼儿对前一天体能锻炼的身体反应情况、来园情况、肌肉状态等情况，必要时要和家长进行沟通。

第四节　幼儿体能活动和户外活动

幼儿体能活动的定义已经在本章第一节中作了解释，值得强调的是体能活动的目标性一定要强，在一节体能活动中目标不宜过大过多，运动技能要通过多种游戏形式反复进行锻炼才能达到预期效果，更重要的是把握好运动的节奏和强度，有一定的严密性。幼儿的户外活动无论从内容上还是形式上与幼儿体能活动还是有一定区别的。

一、幼儿户外活动的基本内容

给幼儿充足的户外活动时间和丰富的活动内容，是每一所幼儿园每天必须保质保量坚持的常规工作。户外活动的内容丰富，形式多样，一般可分为：晨间户外活动、课间操活动、户外体育游戏、远足活动、大型运动会、游艺会、拓展活动等。幼儿园的户外体育活动主要指的是课间操活动和户外体育游戏。

晨间户外活动要求时间不宜过长（20—30 分钟），运动量不宜过大，运动形式多以灵活和技巧性为主。目标以让幼儿适应每一天的天气变化为主，增强人体的适应能力，培养良好的运动习惯。

课间操是幼儿体操展示的基本形式，也是户外体育活动必需的活动形式之一，主要包括律动操、徒手操、器械操、武术操等。中大班的课间操活动时间一般为 20 分钟，小班为 15 分钟。需要强调的是教师在编排和整合课间操的过程中，一定要保证活动的运动量和运动强度。

户外体育游戏一般包括律动（如说唱、儿歌、民谣等）游戏、情景游戏、徒手游戏、器械游戏、大型玩具游戏、竞赛游戏、竞技游戏等。

二、体能活动和户外活动的关系

幼儿体能活动虽然系统性、目标性比较强，但在时间上有一定的局限性，而户外活动的形式多样，时间充足。所以说体能活动和户外活动两者之间的关系可以理解为以下三点：

（1）体能活动属于户外活动的一种形式。

（2）体能活动属于完整的教育活动，户外活动是体能活动的补充和延伸。

（3）二者之间相互联系，相互促进。

第五节　幼儿体能活动的常规培养

幼儿体能活动的常规培养，主要是针对教师提出要求。对教师的严格要求是对幼儿进行常规培养的先决条件。

一、常态培养

（1）教师的常规要形成习惯，首先教师必须树立户外运动宽松着装的美好身体形象；知道本班的出勤人数，一定要做到出教室前和进教室后的人数相等。

（2）检查幼儿着装，要求幼儿尽量穿宽松的服装，必须穿运动鞋，最重要的是查看幼儿是否携带危险品。

（3）用不同的形式和小朋友们问好，同时亲切地询问幼儿的身体状况（如是否生病、受伤等）来判断是否影响此次活动，以作妥善安排。

二、基本口令及术语

（一）基本口令

（1）短促口令之后动令。发音短促有力，中间不拖音，不停顿，通常按音节（字数）平均分配时间。有时最后一个字稍长，如“立正”（一般面对幼儿时通常采用连续口令，如“立—正”）“稍息”“报数”“跨立”等。

（2）连续口令。特点是预令拖音与动令相连。预令拖音的长短，通常根据人数多少而定，动令短促有力，如“半臂看—齐”“一臂看—齐”“手放—下”“向右看—齐”“向右—转”“齐步—走”等，在行进间，预令与动令之间的拖音（微歇）应符合行进节奏，如“立—定”。

（3）断续口令的特点是预令和动令之间有稍停，如“第一排小朋友—举手”。

（二）基本术语

（1）列。幼儿左右排成一条直线叫列，是组成横队的要素，几排称“×列横队”。

（2）路。幼儿前后重叠成一行叫路，是组成纵队的要素，几行称“×路纵队”。

（3）正面。队列中幼儿所面向的一面叫正面。

（4）后面。与正面相反的一面叫后面。

（5）横队。个人或成队左右并列组成的队形叫横队。在横队中，队形的宽度小于队形的纵深或相等。

（6）纵队。个人或成队前后重叠组成的队形叫纵队。在纵队中，队形的纵深大于队形的宽度或相等。

（三）队列常用基本动作

（1）立正。幼儿立正的动作要求与正式队列有所不同，主要应做到：脚跟靠拢，脚尖略分开，上体正直，两臂自然下垂，头要正，眼睛看前方。小班幼儿立正动作不要求脚跟靠拢，一般是脚并齐。

教学要求：立正应做到“三直、一挺、三要、有神”。“三直”——两腿挺直，上体正直，颈要直；“一挺”——自然挺胸；“三要”——头要正，肩要平，口要闭；“有神”——眼睛向前平视。

（2）稍息。幼儿稍息的动作要求：同中小学学生做练习时的稍息动作不同，大中班幼儿的稍息动作没有出脚方向的限制；小班幼儿的稍息动作只要求两脚侧开立，两臂自然下垂。但通常幼儿园教师都会有自己的方法，形式不一，例如在稍息时要求小朋友两脚左右开立，手背后。

其他基本动作根据幼儿园或教师实际情况而定。

三、规则与保护

在体能活动中最重要的就是安全保护，这就要求主班教师在交代游戏规则和安全保护的过程中要清楚简单，一般表达 2—3 遍，保证配班教师和小朋友们能明白。

第四章 幼儿运动技能与体质评价

第一节 幼儿体能锻炼的价值

体质的强弱既受先天因素的影响，又和后天的营养及运动有密切的关系。足够的营养可以促进生长发育，积极地进行体育运动可以增强体质，提高抗病能力，同时体育运动能促进智力的发育。据日本专家调查，成年人灵敏性的差异，主要取决于他们幼年时期体育运动如何及开始运动时的年龄大小。我国的研究也证明，幼儿期参加体育运动的孩子身体强壮，发病率低，食欲增加，身高和体重都比不运动的儿童好许多。从小运动受益一生，体能锻炼尤为重要。

一、体能锻炼有利于生长发育

人在体育运动过程中，体内需要的营养及氧气增加许多，代谢过程加快，产生的废物和二氧化碳也会增多。为了完成养料的运输和废物的排放，血液循环就必须加强、加快，从而促使心脏加强收缩，心肌发达，心搏有力，每次心搏排血量增加。经常参加体育运动者心脏储备力量就大，尽管心跳次数减少，但是搏出的血量却增多了，不仅有利于供给身体各组织器官营养，还有利于心脏本身的休息。据测试，经常参加体育运动的儿童比不运动的儿童心跳每分钟少 9—10 次。

二、体能锻炼可使消化功能增强

运动使体内代谢加快，所需营养物质必然增多，这就需要胃肠更好地消化食物和更多地吸收营养物质，自然消化腺的分泌功能就要增加，以便分泌更多的消化液，供消化食物用；胃肠蠕动也要增加，以便食物在胃肠道内物理消化和传递。一个活泼好动的儿童食欲比较旺盛，吃的食物比不爱活动的儿童多一倍，中等的运动量所需食物也比不爱运动的儿童多三分之一左右。

三、体能锻炼能提高肺活量和肌肉力量

体育运动的需氧量大大增加，排出的二氧化碳量也相应增多，肺活量就相应得到锻炼。据比较，参加体育运动的儿童的肺活量比不参加运动的儿童多 73 毫升。运动时流入肌肉中的血液较多，代谢旺盛，既能使肌肉中的蛋白质增加，又能使肌肉中长出更多的毛细血管，有利于肌肉运动。

四、体能锻炼能促进骨骼的生长发育

运动时肌肉收缩舒张活动，对骨骼有机械性的刺激作用，因为肌肉都附着在骨骼上。另外，运动时有关关节都随之活动，可刺激组成关节的骨骼。同时，肌肉运动可以加快血液循环，有利于骨骼的生长发育，使儿童个子长得高，胸廓得到良好的发育，骨质结实。

五、体能锻炼能促使大脑及神经发育，提高智力

人体是统一的整体，体育运动时身体的各个部分必须协调统一，这就需要大脑统一指挥。经常运动可以增加大脑的兴奋与抑制，使身体更能适应外界环境，反应更加准确、迅速。运动可使大脑更多地建立条件反射。所以，经常运动的儿童活泼、聪明，接受新事物快，反应敏捷。

六、体能锻炼能增加形体美

婴幼儿时期的体形尚未定型，脊柱的生理曲线于 3—4 个月时形成。如果早期进行适当的体育锻炼，可以保持自然的曲线美，还能矫正轻微的生理缺陷，使身体更加健美。

第二节　幼儿运动技能的基本形式和要求

现将 3—6 周岁幼儿多项运动技能的形式与要求整合成下表以供参考，教师在实际应用的过程中要有选择地由易到难逐渐实施，根据现有园情和自身条件因地制宜，鼓励教师大胆创新与突破，灵活运用，超越自我。

站

含　义	通常指双脚或单脚前脚掌和后足部充分着地，上体保持正直和平衡姿态。	
各年龄段运动技能的形式及要求		
年　龄	表现形式	目标要求
3—4 周岁	会双脚立正姿势站好，体态自然，左右脚都能单足站立。	能单足站立 3—6 秒。
4—5 周岁	会双脚立正姿势站好，体态自然，且身体挺直充满力量，左右脚能单独站立保持一定的时间。	能单足站立 7—10 秒。
5—6 周岁	双脚立正时有力量，且学会重心放在前脚掌着力，左右脚能单独站立并保持平衡一定的时间。	能单足站立 10—20 秒。

走

含　义	走是移动身体位置最自然省力的方式。双脚前后交替动作，自然放松，手脚配合协调，双眼平视，身体姿态正直。	
各年龄段运动技能的形式及要求		
年　龄	表现形式	目标要求

续表

3—4 周岁	自然走、听信号走、倒走、变速走、障碍走、脚尖走、顺序走（鱼贯）、蹲走（深）、大步走、变速走。	上体正直、自然协调地走，向指定方向持物或拖物走、指定方向四散走，互相不碰撞，能一个跟一个走不掉队，简单的模仿走、简单的过低矮障碍物走；能连续步行 1000 米以上。
4—5 周岁	自然走、听信号走、倒走、变速走、障碍走、脚尖走、顺序走（鱼贯）、蹲走（深）、大步走、变速走、侧身走、脚跟走、节奏走、高抬腿走、小碎步走。	能上下肢协调走，步调放开、均匀，摆臂自然协调，姿态端正，听信号有节奏走、变速走或换方向走、一对一对整齐走，能跨过障碍物走；能连续行走 1500 米以上。
5—6 周岁	自然走、听信号走、倒走、变速走、障碍走、脚尖走、顺序走（鱼贯）、蹲走（深）、大步走、变速走、侧身走、脚跟走、节奏走、高抬腿走、小碎步走、一字步走、V 形步走、太空步走、登山步走、挪步走。	能听信号变速、变方向走，步伐一致，能听信号变成分队走，能轻松自如地绕障碍曲线走；能长距离远足活动，连续步行 2000 米以上。

跑

含　义	奔，两脚前后交替向前迅速跃进，双脚有节奏性地向前位移，双脚有同时离开地面的瞬间。	
各年龄段运动技能的形式及要求		
年　龄	表现形式	目标要求
3—4 周岁	自然跑、走跑交替跑、追逐跑、四散跑、指定方向跑、蛇形跑、障碍跑、折返跑。	走跑交替 150—200 米、慢跑 150 米、连续跑 30 秒、快速跑 15 米。
4—5 周岁	自然跑、走跑交替跑、追逐跑、四散跑、指定方向跑、蛇形跑、障碍跑、折返跑、后踢跑、接力跑、快速跑。	慢跑 200 米以上、快速跑 20 米不超过 6 秒、连续跑 60 秒。
5—6 周岁	自然跑、走跑交替跑、追逐跑、四散跑、指定方向跑、蛇形跑、障碍跑、折返跑、后踢跑、接力跑、快速跑、倒着跑。	走跑交替 300 米以上、速跑 30 米不超过 9 秒、连续 90 秒跑。

跳

含　义	两脚离地全身向上或向前的动作，用力蹬地使身体离开原位或越过某种障碍物的运动技能。	
各年龄段运动技能的形式及要求		
年　龄	表现形式	目标要求
3—4 周岁	单脚跳、双脚跳、从高往低处跳、立定跳、原地纵跳摸高、双脚障碍跳、原地开合跳。	能从 30 厘米高处自然下跳、双脚立定跳 60 厘米、纵跳摸高 15 厘米、双脚连续向前跳 5 米、单脚原地连续跳 4 次以上、助跑跨跳高 20 厘米的栏架。
4—5 周岁	单脚跳、双脚跳、从高往低处跳、从低向高跳、立定跳、原地纵跳摸高、双脚障碍跳、原地开合跳、连续跳（双脚）、助跑跨跳、原地转圈跳、前后左右跳、单双腿交替跳。	立定跳远 80 厘米、助跑跨跳 60 厘米宽的平衡线、能从 40 厘米高处自然下跳、双脚连续向前跳 8 米、纵跳摸高 20 厘米、屈膝跳过垂直障碍 20 厘米、单脚行进间连续跳 8 次以上、助跑跨跳高 30 厘米的栏架。
5—6 周岁	单脚跳、双脚跳、从高往低处跳、从低向高跳、立定跳、原地纵跳摸高、双脚障碍跳、原地开合跳、连续跳（双脚）、助跑跨跳、原地转圈跳、前后左右跳、单双腿交替跳、小马跳、连续跳绳。	立定跳远 100 厘米以上，从 50 厘米高处跳下，助跑跨跳 80 厘米宽的平行线，屈膝跳过垂直障碍 30 厘米，能连续跳越多个高 40 厘米、宽 15 厘米的障碍，双脚连续向前跳 10 米，单脚行进间连续跳 12 次以上，助跑跨跳高 40 厘米的栏架，连续跳绳 10 次以上。

攀

含　义	抓住东西手脚交替上下爬行的一种身体运动。	
各年龄段运动技能的形式及要求		
年　龄	表现形式	目标要求

续表

3—4 周岁	肋木、网架、梯子。	能在成人的鼓励下积极参加攀登活动，喜欢和同伴一起玩，能攀登低障碍物，在攀登架等器械上自然爬上爬下。
4—5 周岁	肋木、绳梯、网架、梯子。	能手脚熟练地在攀登架等器械上爬上爬下。
5—6 周岁	肋木、网架、绳梯、梯子、攀岩。	能手脚交替灵活地攀登各种玩具设施，在活动中遵守规则，不影响他人活动。能手脚交替协调地攀登，锻炼幼儿四肢力量，养成幼儿勇敢、坚持到底的毅力及合作精神。

爬

含　义	手脚或手膝着地移动，手脚或手膝一起着地走路，也称虫类行走。	
各年龄段运动技能的形式及要求		
年　龄	表现形式	目标要求
3—4 周岁	手膝着地爬、手脚着地爬、前爬后爬。	练习掌握手膝和手脚着地爬等基本动作，有一定速度并能较好地控制方向，爬行距离不低于 10 米。掌握多种爬法，动作灵活、协调。
4—5 周岁	手膝着地爬、手脚着地爬、前爬后爬、匍匐爬、听信号爬。	熟练掌握手膝和手脚着地爬等基本动作，有一定速度并能准确地控制方向，爬行距离不低于 15 米。掌握多种爬法，动作灵活、协调。
5—6 周岁	手膝着地爬、手脚着地爬、前爬后爬、匍匐爬、听信号前后左右爬、肘膝着地爬。	提高爬的能力，改进已掌握的爬的动作，速度快而灵活。熟练掌握肘膝着地爬等动作。有序地绕过障碍物，爬行距离不低于 20 米。

投

含　义	一般指将一定重量的物体投出一定的距离，类似于抛、掷、扔（多指有目标的）。	
各年龄段运动技能的形式及要求		
年　龄	表现形式	目标要求
3—4 周岁	单手投（肩上）。	在宽 6 米的范围内投掷网球不低于 5 米。
4—5 周岁	单手投（肩上）、投远。	在宽 6 米的范围内投掷网球不低于 8 米。
5—6 周岁	单手投（肩上）、投远、投准。	在宽 6 米的范围内投掷网球不低于 10 米。尽可能向着指定目标投。

抛

含　义	通常指单手或双手自下向上向后投、扔，能增加上肢、腰部、腹部的肌肉力量。	
各年龄段运动技能的形式及要求		
年　龄	表现形式	目标要求
3—4 周岁	单手抛、双手抛。	会左右单手或双手朝上方抛球，会用力向前向后自然地抛球，能接住 1—2 米远抛来的球。
4—5 周岁	单手抛、双手抛、向前抛、向后抛、自抛自接、两人互抛。	会朝前、上、后方向准确地抛球，会向上自抛自接球，能两人相距 1—2 米互抛互接大球。
5—6 周岁	单手抛、双手抛、向前抛、向后抛、自抛自接、两人互抛。	能熟练地向任何方向抛球或接到球，对突然来球有躲闪意识，能躲过中等力量的来球，能两人相距 2—4 米互抛互接大球。

平衡

含　义	指那些用脚、脚和手或脚和身体其他部位支撑在地面上，保持的预定静止姿势。往往指当人体重心垂线偏离稳定的支撑面，能立即通过主动或反射性的活动，使重心垂线返回到稳定的支撑面的能力。	
各年龄段运动技能的形式及要求		
年　龄	表现形式	目标要求
3—4 周岁	蹬三轮车，在窄道或平衡木上行走，在斜坡上行走。	会骑脚蹬三轮车，能在小于 25 厘米的窄道或平衡木上行走，能在高 20 厘米的斜坡上行走。
4—5 周岁	熟练地向指定方向骑三轮车，熟练地在平衡木或斜坡上行走，骑带辅轮的小自行车。	能在平衡木（高 30 厘米、宽 10 厘米、长 3 米）上自然行走，骑自行车尽量走直线。
5—6 周岁	能熟练地在平衡木、斜坡上行走，在平衡木上做动作，熟练地骑带辅轮的小自行车。	能在平衡木（高 30 厘米、宽 10 厘米、长 3 米）上行走，身体无明显晃动。能持物在平衡木上行走，会蛇形骑自行车。

滚

含　义	旋转着移动。	
各年龄段运动技能的形式及要求		
年　龄	表现形式	目标要求
3—4 周岁	平躺滚（全身打滚）、抱头屈膝自然滚。	学习并掌握滚的基本动作，不求动作美观，大胆尝试幼儿本能所表现出来的天性。
4—5 周岁	平躺滚（全身打滚）、抱头屈膝自然滚、抱膝自然滚。	熟练掌握滚的动作要领，动作协调自然，不费力。
5—6 周岁	平躺滚（全身打滚）、抱头屈膝自然滚、抱膝自然滚、肩背侧滚、前滚翻。	能自如地控制身体，能往指定方向地点滚，在老师的安全保护下熟练掌握前滚翻的动作要领，会前滚翻。

转

含　义	围绕中心线改换方向、改变位移。	
各年龄段运动技能的形式及要求		
年　龄	表现形式	目标要求
3—4 周岁	原地间转法、正时针自转、逆时针自转、双脚起跳空中旋转。	能看信号或看指示自然向左右转，不要求脚下动作整齐。能原地自由自转 3—4 圈，能 2—3 人拉手围圈自然转跳、双脚起跳、空中旋转 90 度跳，平稳落地。
4—5 周岁	原地向左向右向后转、正时针自转、逆时针自转、双脚起跳空中旋转、跳转。	能听信号或口令或自然向左右转，不要求脚下动作整齐。巩固跳转的基本能力，能 5—6 人拉手围圈自然顺逆时针转跳，能空中跳转 180 度。
5—6 周岁	原地向左向右向后转、正时针自转、逆时针自转、双脚起跳空中旋转、跳转、触墙点翻转。	较好地完成规定动作，身体震动不大，无摔倒，动作轻松协调。能听口令准确做出原地间向左、右、后转的动作，能尝试 10 人以上拉手听信号向顺逆时针转跳，能跳转 200 度以上。

钻

含　义	指人体屈伸进入某种物体或环境里。	
各年龄段运动技能的形式及要求		
年　龄	表现形式	目标要求
3—4 周岁	正身钻、侧身钻、手膝爬行钻、手脚爬行钻。	能钻过 60 厘米高的障碍。
4—5 周岁	正身钻、侧身钻、手膝爬行钻、手脚爬行钻、后退钻。	能钻过直径 60 厘米的圆圈或障碍物。
5—6 周岁	正身钻、侧身钻、手膝爬行钻、手脚爬行钻、后退钻、障碍钻。	提高钻的能力，改进已掌握的钻的动作，速度快而灵活。尝试在较低的物体下钻来钻去。

踢

含　义	指用脚触击物体。	
各年龄段运动技能的形式及要求		
年　龄	表现形式	目标要求
3—4 周岁	踢自制软大方包、踢软皮大皮球、踢装有水的饮料瓶、踢大纸球、踢废旧的毛绒玩具。	用脚的足弓部或外脚背自然地踢软质物体或软球，会用正脚背向上踢挂在离地面 20 厘米高的软物体或软皮球。
4—5 周岁	踢自制软大方包、踢软皮大皮球、踢装有水的饮料瓶、踢沙包、踢纸球、踢纸箱。	用脚的足弓部或外脚背自然地、有力量地踢软质物体或软球，且有一定的方向性。会用正脚背向上踢挂在离地面 30 厘米高的软质物体或软皮球。
5—6 周岁	踢自制软大方包、踢软皮大皮球、踢装有水的饮料瓶、踢沙包、踢纸球、踢纸箱、踢足球。	用脚的足弓部或外脚背自然地有力量地踢软质物体或足球，且有一定的方向性。会用正脚背向上踢挂在离地面 40 厘米高的软物体或软皮皮球。能在 5 米内将足球用足弓踢进宽 2 米的球门内。

拍

含　义	多指用手掌拍打。	
各年龄段运动技能的形式及要求		
年　龄	表现形式	目标要求
3—4 周岁	拍大皮球、拍大鼓、拍手。	能跟上教师简单的拍手节奏，能双手同时拍大鼓且发出统一声音，能单手拍球连续 10 次以上。
4—5 周岁	拍大皮球、拍大鼓、拍电子上升器、拍手、拍身体、拍悬挂物体。	能跟上有节奏的拍手，能双手交替拍大鼓且发出简单的节奏，能单手拍球连续 30 次以上。练习左右手拍球，能左右手交替拍球 10 次。练习拍打在空中悬挂的物体。

续表

5—6 周岁	拍大皮球、拍大鼓、拍电子上升器、拍手、拍身体、拍悬挂物体。	能有节奏、有力量地拍打自己身体的任何部位，左右手交替拍球连续 20 次以上，单手拍球连续 50 次以上，能准确地拍准在空中悬挂的晃动物体。能单手运球 10 米。

推

含　义	手抵物体向外或向前使物体移动。	
各年龄段运动技能的形式及要求		
年　龄	表现形式	目标要求
3—4 周岁	推自制的小车、推独轮车、推小椅子、推纸箱。	能单手推自制的小轮车，练习掌握双手推独轮车的动作要领，能在平滑地面上推 2 公斤重的小椅子等物，能在操场上推纸箱。
4—5 周岁	推自制的小车、推独轮车、推小椅子、推纸箱、推桌子、推轮胎（指常见的电动车或机动车外胎）。	能熟练并有方向性地推独轮车 20 米，能双手交替向正前方推小型轮胎，能在不粗糙的路面上推大型纸箱。
5—6 周岁	推自制的小车、推独轮车、推椅子、推纸箱、推桌子、推轮胎、推载物的小车。	能轻松地将载有 4 公斤重的独轮车推 30 米以上的距离，能推轮胎跑。

拉

含　义	用单手或双手把在地上的物体拖住使其向前发生位移。	
各年龄段运动技能的形式及要求		
年　龄	表现形式	目标要求

续表

3—4 周岁	拉自制小车，拉装有水的大饮料瓶，在肋木上将自己蹲坐的身体用双手拉起、悬垂。	能拉动重 1 公斤的物体自由跑动，能用双手在肋木上拉动自己的身体蹲坐起连续 10 次，能一次性脚离开地面不超过 10 厘米悬垂 10 秒左右。
4—5 周岁	拉自制小车，拉装有水的大饮料瓶，在肋木上将自己蹲坐的身体用双手拉起、悬垂，用腰部拉重物、悬垂。	能拉动重 2 公斤的物体自由跑动，能用双手在肋木上拉动自己的身体蹲坐起连续 15 次，能一次性脚离开地面不超过 15 厘米悬垂 15 秒左右，练习两名小朋友用腰反向拉自行车内胎（奔牛游戏）。
5—6 周岁	拉自制小车，拉装有水的大饮料瓶，在肋木上将自己蹲坐的身体用双手拉起、悬垂，用腰部拉重物，拉自行车内胎。	能拉动重 3 公斤以上的物体自由跑动，能用双手在肋木上拉动自己的身体蹲坐起连续 20 次，能一次性脚离开地面不超过 15 厘米悬垂 20 秒左右，指导小朋友玩奔牛游戏。

第三节　幼儿体质的测定与评价

2003 年，国家体育总局编写了《国民体质测定标准手册》。这为我国幼儿体质测定提供了科学的依据，填补了我国“幼儿体质标准”的空白，并对指导和规范我国幼儿体育的发展产生了积极的作用。

幼儿国民体质测定标准手册作为科学技术和实践的结晶，为人们提供了判别的准则、检测的依据、技术的支持和提高生活质量的手段，也为幼儿家长提供了科学依据和鉴定孩子是否健康的途径。

一、适用对象的分组

（一）分组和年龄范围

《国民体质测定标准》（幼儿部分）的适用对象为 3—6 周岁的中国幼儿。按年龄、性别分组，3—5 周岁每 0.5 岁为一组，6 岁为一组。男女共计 14 个组别。

（二）年龄计算方法

（1）3—5 岁者。测试时已过当年生日，且超过 6 个月者：年龄＝测试年－出生年＋0.5；测试时已过当年生日，且不满 6 个月者：年龄＝测试年－出生年；测试时未过当年生日，且距生日 6 个月以下者：年龄＝测试年－出生年－0.5；测试时未过当年生日，且距生日 6 个月以上者：年龄＝测试年－出生年－1。

（2）6 岁者。测试时已过当年生日者：年龄＝测试年－出生年；测试时未过当年生日者：年龄＝测试年－出生年－1。

二、测试指标

测试指标包括身体形态和素质两类。

（一）形态指标（身高、体重）

1. 身高

（1）准备阶段。

器材准备：身高坐高计，靠墙放置于水平地面。

测试人员准备：站在身高坐高计的左侧（有刻度的一侧）。

受试者准备：受试者脱鞋站立在身高坐高计上，两脚分开呈 60 度，脚跟并拢。身体自然挺立，使两脚跟、骶骨和两肩胛间“三点一线”靠立柱站立。头部正直，两眼平视前方，使耳屏上缘和眼眶下缘最低点“两点呈水平”。

（2）测试阶段。

测试人员握住“手柄”，将水平压板向下滑动至受试者头顶。水平压板与头部接触时，松紧度要合适，头发蓬松者要压实；妨碍测量的发辫、发结要解开，饰物要取下。

（3）记录。

测试人员两眼平视刻度读数，记录以厘米为单位，精确到小数点后 1 位。读数完毕，测试人员将水平挡板轻推至安全高度，以免碰撞。

2. 体重

（1）准备阶段。

器材准备：接线板；电子人体秤，放置于水平地板上。

测试人员准备：打开电子人体秤开关，并调零。

受试者准备：尽量少着装，脱鞋。冬天如果天气太冷，预先检测 30%受试者的大衣重量，并计算出平均值，可着大衣进行测试。处理数据时，把测量值统一减去平均值，作为幼儿的体重值。

（2）测试阶段。

受试者轻轻站在电子人体秤的中央，不得晃动，身体自然挺直。

（3）记录。

待显示屏上的数值稳定后读数，记录以公斤为单位，精确到小数点后 1 位。受试者轻轻走下电子人体秤。

（二）素质指标（坐位体前屈、立定跳远、走平衡木、双脚连续跳、10 米折返跑、网球掷远）

1. 坐位体前屈

（1）准备阶段。

器材准备：Ⅱ型电子体前屈、接线板。

测试人员准备：将电子体前屈安装在靠墙位置，检查电子体前屈的连接，打开电源开关，将游标推至导轨近端，当显示屏上显示“－20.1”时，表明电子体前屈进入工作状态。

受试者准备：做好准备活动，拉伸韧带。

（2）测试阶段。

受试者面向仪器坐在垫子上，双腿向前伸直，脚跟并拢，脚尖自然分开蹬在电子体前屈的挡板上。测试人员调整导轨的高度，使受试者脚尖平齐游标下缘。受试者双手并拢，掌心向下平伸，膝关节伸直，上体前屈，用双手中指指尖向前推动游标，直到不能推动为止。受试者双臂不能突然前振，不能用单手推动游标，膝关节不能弯曲。共测量两次。

（3）记录。

显示屏上显示的数值即为测量值，以厘米为单位记录最大值，精确到小数点后 1 位。记录时要正确填写测量值的“＋”“－”号。

坐位体前屈测试示意图

2. 立定跳远

(1) 准备阶段。

器材准备：盒尺、直角尺、粉笔。

测试人员准备：在平地上画一条直线作为起跳线，将盒尺放在起跳线的左侧。

受试者准备：做好准备活动。

(2) 测试阶段。

受试者两脚自然分开，站在起跳线的后方，然后摆动双臂，双脚蹬地，尽力往前跳。起跳时双脚不能踩线、过线、垫跳、助跑或连跳。测试人员观察受试者双脚的着地点，用直角尺的一条直边抵着距离起跳线内缘最近的着地点，另一条直角边与盒尺重合，盒尺上的数值即为测试结果。共测试两次。犯规时成绩无效，继续测至有成绩为止。

(3) 记录。

记录最好成绩，以厘米为单位，不计小数。

立定跳远测试示意图

3. 走平衡木

(1) 准备阶段。

器材准备：秒表、平衡木（长 3 米、宽 10 厘米、高 30 厘米，两端各加 1 块与平衡木等高，长、宽各 20 厘米的准备平台，一端为起点线，另一端为终点线）。

测试人员准备：把平衡木安装在平地上，检查秒表并清零。

受试者准备：做好准备活动。

（2）测试阶段。

受试者站在平衡木“起点线”后的准备平台上，双手侧平举。当听到“开始”的口令后，两脚交替向“终点线”前进。测试人员在受试者的侧前方发令，在受试者启动的同时开表计时。测试时，测试人员要跟着受试者前进，注意其动作并在旁边做好保护，防止意外发生。当受试者任意一个脚尖超过“终点线”时，立即停表。中途落地者要重测。共测试两次。

（3）记录。

记录两次的最好成绩，以秒为单位，精确到小数点后 1 位。小数点后第 2 位按非“0”进“1”的原则进位，并记录受试者的完成形式。双脚交替前进完成记“1”；挪步横走前进记“2”；不能完成记“3”。

4. 双脚连续跳

（1）准备阶段。

器材准备：皮卷尺、秒表、软方包 10 块（长 10 厘米、宽 5 厘米、高 5 厘米）。

测试人员准备：检查秒表并清零；在平地上按直线每间隔 50 厘米放置一个软方包，硬面朝下。在距离第一个软方包前 20 厘米处画一条直线作为“起跳线”。

受试者准备：做好准备活动。

（2）测试阶段。

受试者站在“起跳线”后，不得踩线或过线。当听到“开始”的口令后，双脚连续跳过 10 个软方包后停止。在受试者起跳的同时测试人员开表计时，跳过第 10 个软方包双脚落地时停表。在跳跃过程中，如出现跨过软方包、脚踩在软方包上、将软方包踢乱或两次单脚起跳等情况，要立即停止测试。如果一次跳不过 1 个软方包，可以两次跳过。共测试两次。

（3）记录。

记录最好成绩，以秒为单位，精确到小数点后 1 位。小数点后第 2 位数，按非“0”进“1”的原则进位。

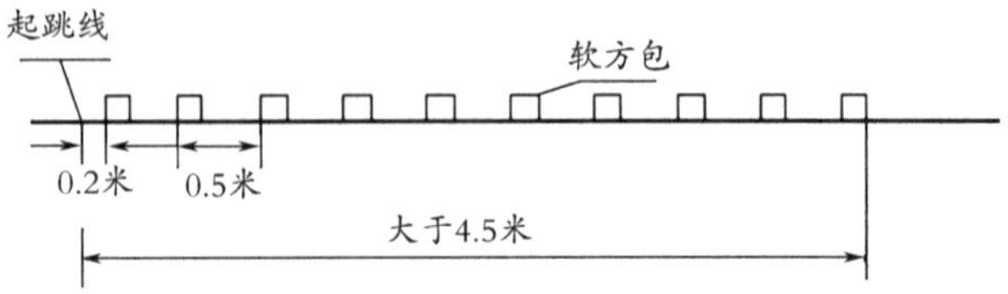

双脚连续跳示意图

5. 10 米折返跑

(1) 准备阶段。

器材准备：皮卷尺、秒表、障碍物、粉笔。

测试人员准备：检查秒表并清零；在平坦的地面上画长 10 米、宽 1.22 米的直线跑道若干条。一端为起、终点线，另一端为折返线。在起、终点线外 3 米处画一条目标线。

受试者准备：做好准备活动。

(2) 测试阶段。

受试者至少 2 人一组，两腿前后分开，站立在起点线后，不得踩线或过线；当听到“开始”的口令后，立即起跑，直奔折返线，用手触摸到障碍物后转身跑向目标线。测试人员站在起跑线的斜前方发令，在受试者起跑的同时开表计时，当受试者胸部到达终点线垂直面时停表。如受试者未听到起跑信号，测试人员可轻推受试者的后背，促其起跑。测试人员要明确告诉受试者应全速直线跑，途中不能串道。在目标线处要安排专人保护幼儿，防止因摔倒发生意外。测试一次。

(3) 记录。

记录秒表显示幼儿通过终点线的时间，以秒为单位，精确到小数点后 1 位。小数点后第 2 位数按非“0”进“1”的原则进位。

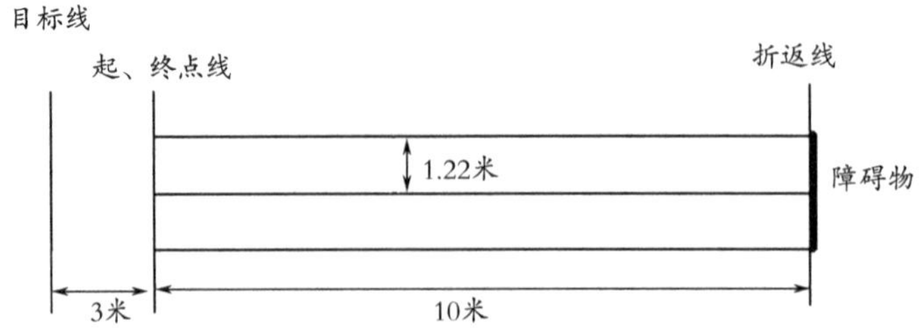

10 米折返跑示意图

6. 网球掷远

（1）准备阶段。

器材准备：皮卷尺、粉笔、网球。

测试人员准备：在平坦的场地上画一个长 20 米、宽 6 米的长方形，设一端为“起掷线”。在“起掷线”后每隔 0.5 米画一条横线。

受试者准备：做好准备活动。

（2）测试阶段。

受试者站在“起掷线”后，两脚前后分开，单手持球，将球从肩上方投出；投掷时脚不能踩线、过线，不能助跑；投球后，脚可以向前迈一步，但不能踩线或过线。一位测试人员在“起掷线”侧前方位置发令，另一位测试人员观察球的落点，并记录成绩。共测试两次。

（3）记录。

记录两次测量值的最好成绩，以米为单位，精确到小数点后 1 位。如果球的落点在横线上，则记录该线所标示的数值；如果球的落点在两条横线之间，则记录靠近“投掷线”的横线所标示的数值；如果球的落点超出 20 米的场地范围，用皮卷尺丈量实际距离；如果球的落点超出 6 米宽的场地范围，受试者重新投掷。

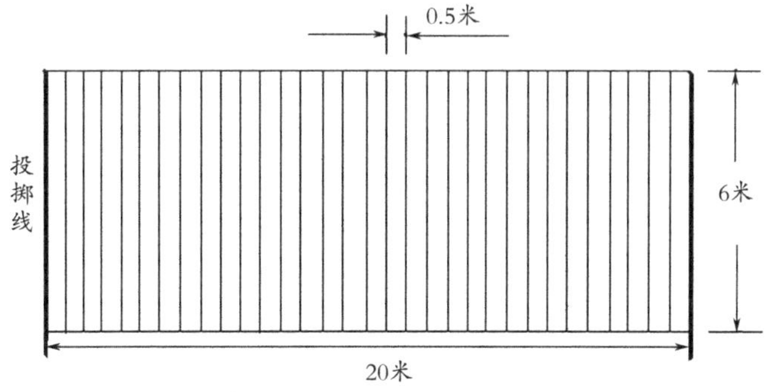

网球掷远示意图

测试指标

类别	测试指标	成绩	分值
形态	身高	厘米（cm）	分
	体重	公斤（kg）	分
素质	10米折返跑	秒（s）	分
	立定跳远	厘米（cm）	分
	网球掷远	米（m）	分
	双脚连续跳	秒（s）	分
	坐位体前屈	厘米（cm）	分
	走平衡木	秒（s）	分
总分			分
评级			

综合评级标准

等　级	得　分
一级（优秀）	＞31分
二级（良好）	28—31分
三级（合格）	20—27分
四级（不合格）	＜20分

3—6周岁幼儿身高、标准体重评分表（男）

身高段（厘米）	体重（公斤）				
	1分	3分	5分	3分	1分
76.0—76.9	＜8.6	8.6—9.3	9.4—11.7	11.8—12.4	＞12.4
77.0—77.9	＜8.7	8.7—9.5	9.6—11.8	11.9—12.5	＞12.5
78.0—78.9	＜8.9	8.9—9.7	9.8—11.9	12.0—12.6	＞12.6
79.0—79.9	＜9.1	9.1—9.8	9.9—12.1	12.2—12.8	＞12.8
80.0—80.9	＜9.2	9.2—10.0	10.1—12.3	12.4—12.9	＞12.9
81.0—81.9	＜9.4	9.4—10.1	10.2—12.5	12.6—13.1	＞13.1

续表 1

身高段（厘米）	体重（公斤）				
	1 分	3 分	5 分	3 分	1 分
82. 0—82. 9	<9. 6	9. 6—10. 2	10. 3—12. 7	12. 8—13. 3	>13. 3
83. 0—83. 9	<9. 8	9. 8—10. 4	10. 5—12. 9	13. 0—13. 5	>13. 5
84. 0—84. 9	<10. 0	10. 0—10. 5	10. 6—13. 1	13. 2—13. 8	>13. 8
85. 0—85. 9	<10. 1	10. 1—10. 7	10. 8—13. 3	13. 4—14. 0	>14. 0
86. 0—86. 9	<10. 3	10. 3—10. 9	11. 0—13. 6	13. 7—14. 2	>14. 2
87. 0—87. 9	<10. 5	10. 5—11. 1	11. 2—13. 8	13. 9—14. 5	>14. 5
88. 0—88. 9	<10. 7	10. 7—11. 3	11. 4—14. 0	14. 1—14. 7	>14. 7
89. 0—89. 9	<10. 9	10. 9—11. 5	11. 6—14. 3	14. 4—14. 9	>14. 9
90. 0—90. 9	<11. 1	11. 1—11. 7	11. 8—14. 5	14. 6—15. 2	>15. 2
91. 0—91. 9	<11. 3	11. 3—11. 9	12. 0—14. 7	14. 8—15. 4	>15. 4
92. 0—92. 9	<11. 5	11. 5—12. 1	12. 2—15. 0	15. 1—15. 6	>15. 6
93. 0—93. 9	<11. 7	11. 7—12. 3	12. 4—15. 2	15. 3—15. 9	>15. 9
94. 0—94. 9	<11. 9	11. 9—12. 5	12. 6—15. 4	15. 5—16. 1	>16. 1
95. 0—95. 9	<12. 1	12. 1—12. 7	12. 8—15. 7	15. 8—16. 4	>16. 4
96. 0—96. 9	<12. 4	12. 4—12. 9	13. 0—16. 0	16. 1—16. 6	>16. 6
97. 0—97. 9	<12. 6	12. 6—13. 2	13. 3—16. 2	16. 3—16. 9	>16. 9
98. 0—98. 9	<12. 8	12. 8—13. 5	13. 6—16. 5	16. 6—17. 2	>17. 2
99. 0—99. 9	<13. 0	13. 0—13. 7	13. 8—16. 8	16. 9—17. 5	>17. 5
100. 0—100. 9	<13. 3	13. 3—14. 0	14. 1—17. 0	17. 1—17. 7	>17. 7
101. 0—101. 9	<13. 5	13. 5—14. 3	14. 4—17. 3	17. 4—18. 0	>18. 0
102. 0—102. 9	<13. 7	13. 7—14. 6	14. 7—17. 6	17. 7—18. 3	>18. 3
103. 0—103. 9	<13. 9	13. 9—14. 9	15. 0—17. 9	18. 0—18. 6	>18. 6
104. 0—104. 9	<14. 1	14. 1—15. 2	15. 3—18. 2	18. 3—18. 9	>18. 9
105. 0—105. 9	<14. 4	14. 4—15. 6	15. 7—18. 5	18. 6—19. 3	>19. 3
106. 0—106. 9	<14. 6	14. 6—15. 8	15. 9—18. 8	18. 9—19. 6	>19. 6
107. 0—107. 9	<14. 8	14. 8—16. 0	16. 1—19. 1	19. 2—19. 9	>19. 9

续表 2

身高段（厘米）	体重（公斤）				
	1 分	3 分	5 分	3 分	1 分
108.0—108.9	<15.0	15.0—16.2	16.3—19.4	19.5—20.3	>20.3
109.0—109.9	<15.3	15.3—16.5	16.6—19.9	20.0—20.7	>20.7
110.0—110.9	<15.6	15.6—16.8	16.9—20.2	20.2—21.0	>21.0
111.0—111.9	<15.9	15.9—17.1	17.2—20.5	20.6—21.4	>21.4
112.0—112.9	<16.2	16.2—17.4	17.5—20.9	21.0—21.9	>21.9
113.0—113.9	<16.5	16.5—17.7	17.8—21.3	21.4—22.2	>22.2
114.0—114.9	<16.8	16.8—17.9	18.0—21.8	21.9—22.6	>22.6
115.0—115.9	<17.1	17.1—18.1	18.2—22.1	22.2—23.1	>23.1
116.0—116.9	<17.4	17.4—18.3	18.4—22.5	22.6—23.5	>23.5
117.0—117.9	<17.8	17.8—18.5	18.6—22.9	23.0—24.0	>24.0
118.0—118.9	<18.1	18.1—18.7	18.8—23.4	23.5—24.5	>24.5
119.0—119.9	<18.5	18.5—18.9	19.0—23.8	23.9—25.0	>25.0
120.0—120.9	<18.9	18.9—19.2	19.3—24.3	24.4—25.5	>25.5
121.0—121.9	<19.3	19.3—19.5	19.6—24.7	24.8—26.0	>26.0
122.0—122.9	<19.6	19.6—20.0	20.1—25.3	25.4—26.5	>26.5
123.0—123.9	<20.0	20.0—20.4	20.5—25.8	25.9—27.1	>27.1
124.0—124.9	<20.4	20.4—20.8	20.9—26.3	26.4—27.7	>27.7
125.0—125.9	<20.8	20.8—21.3	21.4—26.9	27.0—28.3	>28.3
126.0—126.9	<21.2	21.2—21.7	21.8—27.4	27.5—28.9	>28.9
127.0—127.9	<21.6	21.6—22.2	22.3—28.0	28.1—29.5	>29.5
128.0—128.9	<22.0	22.0—22.6	22.7—28.6	28.7—30.2	>30.2
129.0—129.9	<22.5	22.5—23.1	23.2—29.2	29.3—30.9	>30.9
130.0—130.9	<22.9	22.9—23.6	23.7—29.8	29.9—31.6	>31.6
131.0—131.9	<23.4	23.4—24.1	24.2—30.5	30.6—32.3	>32.3
132.0—132.9	<23.8	23.8—24.6	24.7—31.2	31.3—33.1	>33.1
133.0—133.9	<24.3	24.3—25.1	25.2—31.9	32.0—33.8	>33.8

续表 3

身高段（厘米）	体重（公斤）				
	1 分	3 分	5 分	3 分	1 分
134.0—134.9	＜24.8	24.8—25.7	25.8—32.7	32.8—34.6	＞34.6
135.0—135.9	＜25.3	25.3—26.2	26.3—33.4	33.5—35.5	＞35.5
136.0—136.9	＜25.8	25.8—26.8	26.9—34.2	34.3—36.6	＞36.6
137.0—137.9	＜26.3	26.3—27.4	27.5—35.0	35.1—36.9	＞36.9
138.0—138.9	＜26.8	26.8—28.0	28.1—35.8	35.9—37.5	＞37.5
139.0—139.9	＜27.4	27.4—28.6	28.7—36.6	36.7—38.2	＞38.2
140.0—140.9	＜27.9	27.9—29.2	29.3—37.5	37.6—38.9	＞38.9
141.0—141.9	＜28.4	28.4—29.9	30.0—38.5	38.6—39.7	＞39.7
142.0—142.9	＜29.0	29.0—30.6	30.7—39.6	39.7—40.6	＞40.6
143.0—143.9	＜29.7	29.7—31.3	31.4—40.6	40.7—41.6	＞41.6
144.0—144.9	＜30.4	30.4—31.9	32.0—41.7	41.8—42.6	＞42.6
145.0—145.9	＜31.0	31.0—32.5	32.6—42.7	42.8—43.7	＞43.7

3—6 周岁幼儿身高、标准体重评分表（女）

身高段（厘米）	体重（公斤）				
	1 分	3 分	5 分	3 分	1 分
76.0—76.9	＜8.9	8.9—9.0	9.1—11.6	11.7—12.9	＞12.9
77.0—77.9	＜9.0	9.0—9.1	9.2—11.8	11.9—13.1	＞13.1
78.0—78.9	＜9.1	9.1—9.3	9.4—12.0	12.1—13.2	＞13.2
79.0—79.9	＜9.3	9.3—9.5	9.6—12.2	12.3—13.3	＞13.3
80.0—80.9	＜9.5	9.5—9.7	9.8—12.4	12.5—13.5	＞13.5
81.0—81.9	＜9.7	9.7—10.0	10.1—12.6	12.7—13.7	＞13.7
82.0—82.9	＜9.9	9.9—10.2	10.3—12.8	12.9—13.9	＞13.9
83.0—83.9	＜10.1	10.1—10.4	10.5—13.1	13.2—14.1	＞14.1
84.0—84.9	＜10.3	10.3—10.6	10.7—13.3	13.4—14.4	＞14.4
85.0—85.9	＜10.5	10.5—10.8	10.9—13.5	13.6—14.6	＞14.6

续表 1

身高段（厘米）	体重（公斤）				
	1分	3分	5分	3分	1分
86.0—86.9	<10.7	10.7—11.0	11.1—13.7	13.8—14.8	>14.8
87.0—87.9	<10.9	10.9—11.2	11.3—14.0	14.1—15.1	>15.1
88.0—88.9	<11.1	11.1—11.4	11.5—14.2	14.3—15.3	>15.3
89.0—89.9	<11.3	11.3—11.6	11.7—14.4	14.5—15.6	>15.6
90.0—90.9	<11.5	11.5—11.8	11.9—14.7	14.8—15.8	>15.8
91.0—91.9	<11.7	11.7—12.1	12.2—14.9	15.0—16.1	>16.1
92.0—92.9	<11.9	11.9—12.3	12.4—15.2	15.3—16.3	>16.3
93.0—93.9	<12.1	12.1—12.5	12.6—15.4	15.5—16.6	>16.6
94.0—94.9	<12.3	12.3—12.7	12.8—15.7	15.8—16.8	>16.8
95.0—95.9	<12.5	12.5—13.0	13.1—15.9	16.0—17.1	>17.1
96.0—96.9	<12.7	12.7—13.2	13.3—16.2	16.3—17.4	>17.4
97.0—97.9	<13.0	13.0—13.4	13.5—16.5	16.6—17.7	>17.7
98.0—98.9	<13.2	13.2—13.7	13.8—16.7	16.8—18.0	>18.0
99.0—99.9	<13.4	13.4—13.9	14.0—17.0	17.1—18.2	>18.2
100.0—100.9	<13.6	13.6—14.2	14.3—17.3	17.4—18.5	>18.5
101.0—101.9	<13.9	13.9—14.4	14.5—17.6	17.7—18.8	>18.8
102.0—102.9	<14.1	14.1—14.7	14.8—17.9	18.0—19.1	>19.1
103.0—103.9	<14.3	14.3—14.9	15.0—18.2	18.3—19.5	>19.5
104.0—104.9	<14.6	14.6—15.2	15.3—18.5	18.6—19.8	>19.8
105.0—105.9	<14.8	14.8—15.5	15.6—18.8	18.9—20.1	>20.1
106.0—106.9	<15.1	15.1—15.7	15.8—19.1	19.2—20.4	>20.4
107.0—107.9	<15.4	15.4—16.0	16.1—19.4	19.5—20.8	>20.8
108.0—108.9	<15.6	15.6—16.3	16.4—19.8	19.9—21.1	>21.1
109.0—109.9	<15.9	15.9—16.6	16.7—20.1	20.2—21.5	>21.5
110.0—110.9	<16.2	16.2—16.9	17.0—20.5	20.6—21.8	>21.8
111.0—111.9	<16.5	16.5—17.2	17.3—20.8	20.9—22.2	>22.2

续表 2

身高段（厘米）	体重（公斤）				
	1 分	3 分	5 分	3 分	1 分
112.0—112.9	<16.8	16.8—17.5	17.6—21.2	21.3—22.6	>22.6
113.0—113.9	<17.1	17.1—17.8	17.9—21.6	21.7—23.0	>23.0
114.0—114.9	<17.4	17.4—18.2	18.3—21.9	22.0—23.4	>23.4
115.0—115.9	<17.7	17.7—18.5	18.6—22.2	22.3—23.8	>23.8
116.0—116.9	<18.0	18.0—18.8	18.9—22.8	22.9—24.3	>24.3
117.0—117.9	<18.4	18.4—19.2	19.3—23.2	23.3—24.8	>24.8
118.0—118.9	<18.7	18.7—19.6	19.7—23.7	23.8—25.2	>25.2
119.0—119.9	<19.1	19.1—20.2	20.3—24.1	24.2—25.8	>25.8
120.0—120.9	<19.4	19.4—20.5	20.6—24.6	24.7—26.3	>26.3
121.0—121.9	<19.8	19.8—20.8	20.9—25.0	25.1—26.9	>26.9
122.0—122.9	<20.2	20.2—21.2	21.3—25.4	25.5—27.5	>27.5
123.0—123.9	<20.6	20.6—21.6	21.7—25.8	25.9—28.1	>28.1
124.0—124.9	<21.0	21.0—22.0	22.1—26.2	26.3—28.7	>28.7
125.0—125.9	<21.4	21.4—22.5	22.6—26.5	26.6—29.4	>29.4
126.0—126.9	<21.8	21.8—23.0	23.1—26.9	27.0—30.2	>30.2
127.0—127.9	<22.2	22.2—23.4	23.5—27.3	27.4—30.9	>30.9
128.0—128.9	<22.7	22.7—24.0	24.1—27.8	27.9—31.7	>31.7
129.0—129.9	<23.1	23.1—24.5	24.6—28.3	28.4—32.6	>32.6
130.0—130.9	<23.6	23.6—25.0	25.1—28.8	28.9—33.4	>33.4
131.0—131.9	<24.1	24.1—25.6	25.7—29.3	29.4—34.4	>34.4
132.0—132.9	<24.6	24.6—26.1	26.2—29.7	29.8—35.3	>35.3
133.0—133.9	<25.1	25.1—26.7	26.8—30.2	30.3—36.3	>36.3
134.0—134.9	<25.7	25.7—27.3	27.4—30.7	30.8—37.4	>37.4
135.0—135.9	<26.2	26.2—28.0	28.1—31.2	31.3—38.5	>38.5
136.0—136.9	<26.7	26.7—28.6	28.7—31.7	31.8—39.7	>39.7
137.0—137.9	<27.4	27.4—29.4	29.5—32.3	32.4—40.6	>40.6

3 周岁幼儿其他单项指标评分表

测试指标	1 分	2 分	3 分	4 分	5 分
	男				
身高（厘米）	<91.2	91.2—95.4	95.5—99.3	99.4—104.1	>104.1
10 米折返跑（秒）	15.8—12.9	12.8—10.3	10.2—9.1	9.0—8.0	<8.0
立定跳远（厘米）	21.0—29.0	30.0—42.0	43.0—58.0	59.0—76.0	>76.0
网球掷远（米）	1.5	2.0—2.5	3.0—3.5	4.0—5.5	>5.5
双脚连续跳（秒）	25.0—19.7	19.6—13.1	13.0—9.2	9.1—6.6	<6.6
坐位体前屈（厘米）	2.9—4.8	4.9—8.5	8.6—11.6	11.7—14.9	>14.9
走平衡木（秒）	48.5—30.1	30.0—16.9	16.8—10.6	10.5—6.6	<6.6
	女				
身高（厘米）	<90.0	90.0—94.6	94.7—98.0	98.1—103.0	>103.0
10 米折返跑（秒）	16.8—13.5	13.4—10.6	10.5—9.4	9.3—8.2	<8.2
立定跳远（厘米）	21.0—28.0	29.0—39.0	40.0—54.0	55.0—71.0	>71.0
网球掷远（米）	1.0	1.5—2.0	2.5—3.0	3.5—5.0	>5.0
双脚连续跳（秒）	25.9—20.1	20.0—13.5	13.4—9.8	9.7—7.1	<7.1
坐位体前屈（厘米）	3.2—6.2	6.3—9.9	10.0—12.9	13.0—15.9	>15.9
走平衡木（秒）	49.8—32.5	32.4—17.4	17.3—10.8	10.7—6.9	<6.9

3.5 周岁幼儿其他单项指标评分表

测试指标	1 分	2 分	3 分	4 分	5 分
	男				
身高（厘米）	<94.1	94.1—98.2	98.3—102.0	102.1—106.9	>106.9
10 米折返跑（秒）	14.0—11.4	11.3—9.5	9.4—8.4	8.3—7.5	<7.5
立定跳远（厘米）	27.0—34.0	35.0—52.0	53.0—69.0	70.0—84.0	>84.0
网球掷远（米）	1.5	2.0—2.5	3.0—4.0	4.5—5.5	>5.5
双脚连续跳（秒）	21.8—17.0	16.9—11.2	11.1—8.3	8.2—6.1	<6.1
坐位体前屈（厘米）	2.7—4.6	4.7—8.4	8.5—11.5	11.6—14.9	>14.9
走平衡木（秒）	41.1—27.1	27.0—15.1	15.0—9.4	9.3—5.9	<5.9

续表

测试指标	1 分	2 分	3 分	4 分	5 分
	女				
身高（厘米）	<93.0	93.0—97.5	97.6—101.1	101.2—105.5	>105.5
10 米折返跑（秒）	14.9—12.1	12.0—9.8	9.7—8.7	8.6—7.7	<7.7
立定跳远（厘米）	25.0—33.0	34.0—49.0	50.0—64.0	65.0—81.0	>81.0
网球掷远（米）	1.5	2.0—2.5	3.0—3.5	4.0—5.0	>5.0
双脚连续跳（秒）	21.9—17.1	17.0—11.3	11.2—8.5	8.4—6.2	<6.2
坐位体前屈（厘米）	3.5—6.2	6.3—9.9	10.0—12.9	13.0—15.9	>15.9
走平衡木（秒）	40.4—27.5	27.4—15.1	15.0—9.7	9.6—6.1	<6.1

4 周岁幼儿其他单项指标评分表

测试指标	1 分	2 分	3 分	4 分	5 分
	男				
身高（厘米）	<97.5	97.5—101.9	102.0—105.4	105.5—110.4	>110.4
10 米折返跑（秒）	12.4—10.2	10.1—8.6	8.5—7.7	7.6—6.9	<6.9
立定跳远（厘米）	35.0—46.0	47.0—64.0	65.0—79.0	80.0—95.0	>95.0
网球掷远（米）	2.0—2.5	3.0—3.5	4.0—4.5	5.0—6.0	>6.0
双脚连续跳（秒）	17.0—13.2	13.1—9.2	9.1—7.1	7.0—5.6	<5.6
坐位体前屈（厘米）	2.4—4.4	4.5—8.4	8.5—11.4	11.5—14.9	>14.9
走平衡木（秒）	33.2—21.6	21.5—11.6	11.5—7.4	7.3—4.9	<4.9
	女				
身高（厘米）	<96.6	96.6—100.9	101.0—104.4	104.5—108.9	>108.9
10 米折返跑（秒）	13.2—10.9	10.8—9.1	9.0—8.1	8.0—7.2	<7.2
立定跳远（厘米）	32.0—43.0	44.0—59.0	60.0—73.0	74.0—89.0	>89.0
网球掷远（米）	2.0	2.5—3.0	3.5—4.0	4.5—5.0	>5.0
双脚连续跳（秒）	17.2—13.5	13.4—9.6	9.5—7.4	7.3—5.9	<5.9
坐位体前屈（厘米）	3.4—5.9	6.0—9.9	10.0—12.9	13.0—15.9	>15.9
走平衡木（秒）	32.2—22.6	22.5—12.3	12.2—8.2	8.1—5.3	<5.3

4.5周岁幼儿其他单项指标评分表

测试指标	1分	2分	3分	4分	5分
	男				
身高（厘米）	<100.0	100.0—104.6	104.7—108.4	108.5—113.1	>113.1
10米折返跑（秒）	11.8—9.8	9.7—8.1	8.0—7.3	7.2—6.7	<6.7
立定跳远（厘米）	40.0—54.0	55.0—72.0	73.0—88.0	89.0—102.0	>102.0
网球掷远（米）	2.5	3.0—4.0	4.5—6.0	6.5—8.0	>8.0
双脚连续跳（秒）	14.5—11.3	11.2—8.2	8.1—6.5	6.4—5.3	<5.3
坐位体前屈（厘米）	1.8—4.1	4.2—7.9	8.0—10.9	11.0—14.4	>14.4
走平衡木（秒）	28.4—17.9	17.8—9.7	9.6—6.3	6.2—4.3	<4.3
	女				
身高（厘米）	<99.0	99.0—103.6	103.7—107.3	107.4—111.9	>111.9
10米折返跑（秒）	12.4—10.3	10.2—8.6	8.5—7.7	7.6—7.0	<7.0
立定跳远（厘米）	40.0—49.0	50.0—67.0	68.0—80.0	81.0—96.0	>96.0
网球掷远（米）	2.0	2.5—3.0	3.5—4.0	4.5—5.5	>5.5
双脚连续跳（秒）	14.9—12.0	11.9—8.6	8.5—6.8	6.7—5.5	<5.5
坐位体前屈（厘米）	3.0—5.9	6.0—9.9	10.0—12.9	13.0—16.0	>16.0
走平衡木（秒）	26.5—18.7	18.6—10.2	10.1—7.0	6.9—4.7	<4.7

5周岁幼儿其他单项指标评分表

测试指标	1分	2分	3分	4分	5分
	男				
身高（厘米）	<103.1	103.1—107.8	107.9—111.9	112.0—116.9	>116.9
10米折返跑（秒）	10.3—9.0	8.9—7.7	7.6—7.0	6.9—6.4	<6.4
立定跳远（厘米）	50.0—64.0	65.0—79.0	80.0—95.0	96.0—110.0	>110.0
网球掷远（米）	3.0—3.5	4.0—5.0	5.5—7.0	7.5—9.0	>9.0
双脚连续跳（秒）	12.5—9.9	9.8—7.3	7.2—6.0	5.9—5.1	<5.1
坐位体前屈（厘米）	1.1—3.4	3.5—7.5	7.6—10.9	11.0—14.4	>14.4
走平衡木（秒）	22.2—14.1	14.0—7.9	7.8—5.3	5.2—3.7	<3.7

续表

测试指标	1分	2分	3分	4分	5分
	女				
身高（厘米）	＜102.0	102.0—106.5	106.6—110.4	110.5—115.4	＞115.4
10米折返跑（秒）	11.2—9.7	9.6—8.1	8.0—7.3	7.2—6.7	＜6.7
立定跳远（厘米）	50.0—59.0	60.0—74.0	75.0—88.0	89.0—102.0	＞102.0
网球掷远（米）	2.5—3.0	3.5—4.0	4.5—5.5	6.0—8.5	＞8.5
双脚连续跳（秒）	12.7—10.1	10.0—7.6	7.5—6.2	6.1—5.2	＜5.2
坐位体前屈（厘米）	3.0—5.4	5.5—9.6	9.7—13.1	13.2—16.6	＞16.6
走平衡木（秒）	23.7—14.1	14.0—8.3	8.2—5.8	5.7—4.1	＜4.1

5.5周岁幼儿其他单项指标评分表

测试指标	1分	2分	3分	4分	5分
	男				
身高（厘米）	＜104.6	104.6—110.1	110.2—114.6	114.7—119.7	＞119.7
10米折返跑（秒）	10.0—8.6	8.5—7.4	7.3—6.8	6.7—6.2	＜6.2
立定跳远（厘米）	56.0—69.0	70.0—89.0	90.0—102.0	103.0—119.0	＞119.0
网球掷远（米）	3.0—3.5	4.0—5.5	6.0—7.5	8.0—10.0	＞10.0
双脚连续跳（秒）	11.9—9.4	9.3—6.9	6.8—5.7	5.6—4.9	＜4.9
坐位体前屈（厘米）	1.0—3.2	3.3—7.5	7.6—10.9	11.0—14.4	＞14.4
走平衡木（秒）	19.2—12.1	12.0—6.8	6.7—4.6	4.5—3.3	＜3.3
	女				
身高（厘米）	＜104.5	104.5—109.2	109.3—113.4	113.5—118.4	＞118.4
10米折返跑（秒）	10.5—9.1	9.0—7.7	7.6—7.0	6.9—6.4	＜6.4
立定跳远（厘米）	54.0—65.0	66.0—81.0	82.0—95.0	96.0—109.0	＞109.0
网球掷远（米）	3.0	3.5—4.5	5.0—6.0	6.5—8.5	＞8.5
双脚连续跳（秒）	11.5—9.3	9.2—7.0	6.9—5.8	5.7—4.9	＜4.9
坐位体前屈（厘米）	3.0—5.4	5.5—9.6	9.7—12.9	13.0—16.7	＞16.7
走平衡木（秒）	20.1—12.6	12.5—7.5	7.4—5.1	5.0—3.6	＜3.6

6周岁幼儿其他单项指标评分表

测试指标	1分	2分	3分	4分	5分
	男				
身高（厘米）	＜108.2	108.2—113.2	113.3—117.7	117.8—123.0	＞123.0
10米折返跑（秒）	9.4—8.0	7.9—6.9	6.8—6.3	6.2—5.8	＜5.8
立定跳远（厘米）	61.0—78.0	79.0—94.0	95.0—110.0	111.0—127.0	＞127.0
网球掷远（米）	3.5—4.0	4.5—6.5	7.0—9.0	9.5—12.0	＞12.0
双脚连续跳（秒）	10.4—8.3	8.2—6.2	6.1—5.2	5.1—4.4	＜4.4
坐位体前屈（厘米）	1.0—3.1	3.2—7.0	7.1—10.4	10.5—14.4	＞14.4
走平衡木（秒）	16.0—9.4	9.3—5.4	5.3—3.8	3.7—2.7	＜2.7
	女				
身高（厘米）	＜107.0	107.0—111.9	112.0—116.6	116.7—121.7	＞121.7
10米折返跑（秒）	10.2—8.6	8.5—7.3	7.2—6.6	6.5—6.1	＜6.1
立定跳远（厘米）	60.0—70.0	71.0—86.0	87.0—100.0	101.0—116.0	＞116.0
网球掷远（米）	3.0	3.5—4.5	5.0—6.0	6.5—8.0	＞8.0
双脚连续跳（秒）	10.5—8.4	8.3—6.3	6.2—5.3	5.2—4.6	＜4.6
坐位体前屈（厘米）	3.0—5.3	5.4—9.5	9.6—12.9	13.0—16.7	＞16.7
走平衡木（秒）	17.0—10.8	10.7—6.2	6.1—4.3	4.2—3.0	＜3.0

第五章　幼儿体能锻炼计划

本章给幼儿教师提供各年龄段幼儿体能锻炼学期计划，使教师在日常教学中得以参考。该计划根据幼儿的年龄特点、生理特点、身心特点、日常实践等方面系统整合得出，希望各位教师在参考的过程中根据园所特点和自身特点加以创新和突破。

第一节　3—4周岁幼儿第一学期体能锻炼计划

一、说明

本学期为新生入园的第一个学期，要以培养幼儿对户外体育活动和体能锻炼的兴趣为主。重点培养户外体育运动常规及必要的安全保护意识。本学期内天气由凉逐渐变冷，锻炼幼儿身体的适应能力尤为重要，培养幼儿不怕冷的意志品质，能在寒冷的冬天里蹦蹦跳跳地快乐运动。教师可根据南北方各地的差异因地制宜，量力而行。

二、学期总目标

培养幼儿良好的常规，能够听懂教师基本的口令并做出相应的反应。学会正确地走、跑、跳等运动技能，并能根据信号做出反应。增强心肺功能的体能锻炼，同步进行幼儿大肌肉力量、耐力等素质练习。

3—4 周岁幼儿九月份体能锻炼计划

<table>
<tr><th rowspan="2">月份</th><th rowspan="2">目标</th><th rowspan="2">周次</th><th rowspan="2">目标与要求</th><th rowspan="2">动作技能形式</th><th colspan="2">实践途径</th><th rowspan="2">晨间锻炼内容</th></tr>
<tr><th>体能活动内容</th><th>户外活动延伸内容</th></tr>
<tr><td rowspan="4">九月份</td><td rowspan="4">1. 培养幼儿对体育活动的兴趣，感受运动的快乐。
2. 对幼儿进行户外体育运动常规培养。</td><td>第一周</td><td rowspan="2">调整稳定幼儿情绪，以玩的方式吸引幼儿对体育活动的兴趣（预备周）。</td><td>1. 立正、稍息。
2. 一个跟着一个走。</td><td>1. 鱼贯而走。
2. 听信号走。</td><td>1. 自然走。
2. 指定方向走。
3. 在规定的线内走。</td><td rowspan="4">在音乐背景和家长、教师的陪同下自由地走、跑、跳。</td></tr>
<tr><td>第二周</td><td>1. 立正、稍息。
2. 一个跟着一个走，有节奏地走。</td><td>1. 多人持长条木棍走。
2. 甩开手臂走。</td><td>1. 自然走。
2. 指定方向走。
3. 一字步走。</td></tr>
<tr><td>第三周</td><td>巩固常规内容和走的基本动作，练习能向指定方向跑。</td><td>1. 自然跑。
2. 向指定方向跑。</td><td>1. 四散跑。
2. 按规定线路跑。</td><td>1. 一个跟着一个跑。
2. 直线跑。
3. 听信号跑。</td></tr>
<tr><td>第四周</td><td>综合常规走跑基本动作，完成走跑交替 100 米。</td><td>1. 走跑交替。
2. 能形成 1—2 路纵队。</td><td>1. 绕大障碍走或跑。
2. 在直线和虚线间走跑交替。</td><td>1. 折线走。
2. 变向走。
3. 绕障碍走。</td></tr>
</table>

3—4 周岁幼儿十月份体能锻炼计划

<table>
<tr><th rowspan="2">月份</th><th rowspan="2">目　标</th><th rowspan="2">周次</th><th rowspan="2">目标与要求</th><th rowspan="2">动　作
技能形式</th><th colspan="2">实践途径</th><th rowspan="2">晨间锻炼内容</th></tr>
<tr><th>体能活动内容</th><th>户外活动
延伸内容</th></tr>
<tr><td rowspan="4">十月份</td><td rowspan="4">1. 培养幼儿对体育活动的兴趣，感受运动的快乐。
2. 对幼儿进行户外体育运动常规培养，加强幼儿有氧耐力锻炼。</td><td>第一周</td><td colspan="4">十一小长假前提醒幼儿家长在家注意培养生活习惯常规。按时起床、午睡、休息及用餐，不暴饮暴食。每天尽可能坚持户外运动。</td><td rowspan="4">在音乐背景和家长、教师的陪同下自由地做走、跑、跳等动作。</td></tr>
<tr><td>第二周</td><td>小长假来园后继续调整稳定幼儿情绪，以玩的方式吸引幼儿对体育活动的兴趣。</td><td>1. 立正、稍息。
2. 一个跟着一个走，有节奏地走。</td><td>1. 多人持长条木棍走。
2. 甩开手臂走。</td><td>1. 自然走。
2. 指定方向跑。
3. 一字步走。</td></tr>
<tr><td>第三周</td><td>1. 巩固常规内容和走的基本动作。
2. 练习能向指定方向跑。</td><td>1. 自然跑。
2. 指定方向跑。</td><td>1. 四散跑。
2. 按规定线路速跑 10 米。</td><td>1. 一个跟着一个跑。
2. 直线跑。
3. 听信号跑。</td></tr>
<tr><td>第四周</td><td>综合常规走跑基本动作，完成走跑交替 100 米。</td><td>1. 走跑交替。
2. 能形成 1—2 路纵队。</td><td>1. 绕大障碍走或跑。
2. 在直线和虚线间走跑交替。</td><td>1. 大折线跑。
2. 变向跑。
3. 绕障碍跑。</td></tr>
</table>

3—4 周岁幼儿十一月份体能锻炼计划

月份	目标	周次	目标与要求	动作技能形式	实践途径		晨间锻炼内容
					体能活动内容	户外活动延伸内容	
十一月份	练习走、跑、跳的基本动作，提高幼儿下肢力量和基本协调平衡能力以及基础有氧耐力。	第一周	1. 发展幼儿的心肺功能。 2. 提高幼儿的有氧耐力，以及反应能力。	1. 半臂向前看齐。 2. 蛇形走，追逐跑。	1. 常规锻炼。 2. 大步走。	1. 听信号跑。 2. 中速跑。 3. 绕大型障碍跑。	在音乐背景和家长、教师的陪同下自由地做走、跑、跳等动作。
		第二周	1. 发展幼儿的心肺功能，提高幼儿的有氧耐力，以及反应能力。 2. 中速跑坚持30秒。	1. 顺序跑。 2. 走跑交替。	1. 常规半臂向前看齐。 2. 15米内速跑。	1. 手拿软质小器械跑。 2. 大S形慢跑。 3. 目标任务走跑交替。	
		第三周	发展幼儿的下肢力量，提高幼儿的心肺功能。	1. 从高处往下跳20厘米。 2. 跑跳结合。	1. 会成两路纵队站好。 2. 跳沙坑。	1. 双脚跳。 2. 在线的两侧双脚跳来跳去。 3. 跑动中向上跳。	
		第四周	提高幼儿力量、速度、耐力的综合锻炼。	1. 纵跳摸高10厘米。 2. 间歇跑100米。	1. 会成两列横队站好。 2. 爬2层楼梯。	1. 纵跳触物。 2. 速跑比赛。 3. 走跑跳综合障碍。	

3—4 周岁幼儿十二月份体能锻炼计划

月份	目　标	周次	目标与要求	动　作 技能形式	实践途径		晨间锻炼内容
					体能活动内容	户外活动 延伸内容	
十二月份	练习走、跑、跳的基本动作，提高幼儿下肢力量和基本协调平衡能力以及基础有氧耐力，提高幼儿心肺功能。	第一周	1. 提高走、跑、跳的正确姿势。 2. 加大走、跑、跳各项动作技能的运动强度。	1. 大步走。 2. 双腿从低处往高跳。	1. 常规培养口令动作。 2. 口哨节奏跑。	1. 双脚跳。 2. 单脚站立支撑单脚跳。 3. 接力跑。	在音乐背景和家长、教师的陪同下自由地做走、跑、跳等动作。
		第二周	1. 提高走、跑、跳的正确姿势。 2. 加大走、跑、跳各项动作技能的运动强度。	1. 变速走。 2. 变速跑。	1. 常规动作练习。 2. 障碍跑。	1. 双脚跳。 2. 单脚站立支撑。 3. 青蛙跑跳。	
		第三周	1. 调整运动强度，做舒缓的常规练习。 2. 纠正错误的动作技能。	1. 自然走。 2. 倒着走。	1. 常规动作重点练习。 2. 猫和老鼠游戏，一字步走。	综合的舒缓游戏。	
		第四周	综合技能素质练习，强度适中。	1. 脚尖走。 2. 折返跑。	1. 过木桩。 2. Z 形看图标跑。	走、跑、跳综合运动锻炼。	

第二节　3—4 周岁幼儿第二学期体能锻炼计划

一、说明

本学期加大对幼儿户外运动的常规培养。提高幼儿对户外体育活动和体能锻炼的兴趣，向幼儿渗透安全保护常识。本学期天气逐渐由冷变暖，为了感受春天运动的快乐，所以要延长幼儿户外活动时间。在保证幼儿心肺功能得到提高的前提下，以锻炼幼儿运动技能技巧的各项素质为主。教师可根据南北方各地的差异因地制宜，量力而行。

二、学期总目标

常规培养的效果力求提高，能够听懂教师基本的口令并做出准确的反应。锻炼幼儿投、拍、爬、平衡等运动技能。对幼儿的运动技能技巧加强锻炼，提高幼儿身体的协调性和运动灵活能力。

3—4 周岁幼儿三月份体能锻炼计划

月份	目标	周次	目标与要求	动作技能形式	实践途径		晨间锻炼内容
					体能活动内容	户外活动延伸内容	
三月份	发展有氧耐力，提高心肺功能，增强腿部的肌肉耐力和力量。	第一周	预备周（调整周）。提高幼儿户外运动的常规能力为主。	1. 队列队形。 2. 口令。	1. 立正、稍息、看齐。 2. 一路纵队变成一个圈。	1. 看谁迈的步子大。 2. “小小新兵连”。 3. 看旗指示排队。	在音乐背景和家长、教师的陪同下自由地做走、跑、跳、踢等动作。
		第二周	发展耐力素质，恢复体能运动，强度不宜过大。	1. 高抬腿快走。 2. 匀速跑。	1. 抬高腿一次性上 3 层楼梯。 2. 在指定区域匀速跑。	1. 走跑交替。 2. 指定方向跑。 3. 在设置的小窄路上跑。	

续表

		第三周	1. 增强腿部肌肉力量。 2. 发展协调能力。	1. 半蹲走。 2. 变速跑。	1. 半蹲持物走。 2. 在大小不同的圆圈上跑。	1. 手持水瓶行走。 2. 踩石头过河。 3. 走跑交替。	
		第四周	1. 发展耐力素质，提高心肺功能。 2. 增强背部、臀部和腹部的肌肉力量。	1. 持物走。 2. 间歇跑。	1. 高举手臂持物走。 2. 用前脚掌跑。	1. 追逐跑。 2. 高举手臂持物走。 3. 折线跑。	

3—4 周岁幼儿四月份体能锻炼计划

月份	目　标	周次	目标与要求	动　作 技能形式	实践途径		晨间锻炼内容
					体能活动内容	户外活动 延伸内容	
四月份	锻炼上肢部位的关节，增强上肢、肩、背等部位的肌肉力量，锻炼幼儿的身体平衡能力。	第一周	1. 提高心肺功能，发展平衡能力。 2. 学习单足站立 5 秒以上。	1. 自然跑跳。 2. 单足站立。	1. 自然跑跳，抓空中飘浮的柳絮等物。 2. 手扶墙，双脚交替站起。	1. 走过小斜坡。 2. 自然跑跳触物。 3. 在宽 40 厘米的线内变速跑。	在音乐背景和家长、教师的陪同下自由地做走、跑、跳、踢等动作。
		第二周	1. 提高上肢力量的耐力（练习拍球 10 次）。 2. 增强腿部肌肉的爆发力。	1. 拍球。 2. 双脚跳。	1. 单手屈体拍球。 2. 台阶跳。	1. 高举手持物走。 2. 双脚连续跳。 3. 上下楼梯。	

续表

		第三周	1. 锻炼上肢肌肉的爆发力(投掷)。 2. 提高心肺功能。	1. 网球掷远。 2. 双脚障碍跳。	1. 左右手掷沙包。 2. 跑跳游戏。	1. 攀爬大型玩具。 2. 自由跳深。 3. 自由投掷海洋球。	
		第四周	对跑、跳、投各项运动技能的综合提升。	1. 掷远。 2. 信号跑跳。	1. 打保龄球。 2. 听信号持球跑。	1. 左右手扔沙包。 2. 攀登架上站立。 3. 曲线跑。	

3—4周岁幼儿五月份体能锻炼计划

月份	目　标	周次	目标与要求	动　作 技能形式	实践途径		晨间锻炼内容
					体能活动内容	户外活动 延伸内容	
五月份	发展动作的协调性和灵敏性，发展平衡能力及柔韧性。	第一周	1. 发展动作的协调性和灵敏性。 2. 完成动作的同时保持身体的稳定性。	1. 双手抛球。 2. 足弓踢方包。	1. 自然双手抛球。 2. 练习足弓推球。	1. 把球滚进门。 2. 自然踢自制软方包。 3. “小猫玩球”。	在音乐背景和家长、教师的陪同下自由地做拍、踢、推、拉、平衡等动作。
		第二周	1. 发展有氧耐力。 2. 发展平衡能力。	1. 追球。 2. 单手投掷。	1. 自然单手肩上投掷。 2. “赶小猪”。	1. 追球慢跑。 2. 走平衡木。 3. 积木平衡练习。	

续表

		第三周	1. 发展目测动作配合的准确性。 2. 完成综合素质练习。	1. 掷准。 2. 综合。	1. 向大园圈内扔沙包。 2. 障碍练习。	1. 在直线两侧跳拍皮球。 2. 慢跑到海绵垫上自由跳。 3. 打保龄球。	
		第四周	1. 发展柔韧性。 2. 增强上下肢的协调能力。	1. 拉伸。 2. 手脚协调。	1. 随音乐做拉伸动作。 2. 上下攀登架。	1. 攀登架压腿等练习。 2. 手握脚腕走。 3. 自抛自接球。	

3—4 周岁幼儿六月份体能锻炼计划

月份	目　标	周次	目标与要求	动　作 技能形式	实践途径		晨间锻炼内容
					体能活动内容	户外活动延伸内容	
六月份	发展动作的准确性，提高身体躲闪的灵敏性及判断能力复合走、跑、跳、攀、爬等各种动作，进行身体素质练习。	第一周	1. 提高上下肢协调性。 2. 发展身体灵活躲闪能力。	1. 登肋木。 2. 爬行。	1. 勇攀高峰。 2. 手膝爬行。	1. 攀登架上爬上爬下。 2. “打雪仗”。 3. 听信号爬。	在音乐背景和家长、教师的陪同下自由地做拍、推、拉、平衡等动作。
		第二周	1. 综合素质练习。 2. 提高有氧耐力。	1. 走跑。 2. 攀爬。	1. 助跑屈腿跳。 2. “龟兔赛跑”。	1. 大型玩具计划锻炼。 2. 钻圈。 3. 爬行游戏。	
		第三周	1. 发展动作的准确性。 2. 锻炼幼儿灵敏度及速度。	1. 正身钻。 2. 躲闪。	1. 穿山洞。 2. 抢山头。	1. 向大框内扔球。 2. 折返障碍跑。 3. 自由爬行钻过皮筋。	

续表

		第四周	1. 增强上肢力量。 2. 锻炼上下肢协调能力。	1. 推纸箱。 2. 拉车。	1. 看望小动物。 2. 拉车去赶集。	1. 推车。 2. 拉小轮胎。 3. 综合游戏。	

第三节　4—5 周岁幼儿第一学期体能锻炼计划

一、说明

进入中班的第一个学期，继续培养幼儿对户外体育活动和体能锻炼的兴趣。重点培养户外体育运动常规安全保护意识及幼儿对运动技能的掌握情况。本学期内天气由凉逐渐变冷，锻炼幼儿身体的适应能力尤为重要，培养幼儿不怕冷的意志品质，坚持在寒冷的冬天里快乐运动。教师可根据南北方各地的差异因地制宜，量力而行。

二、学期总目标

培养幼儿良好的常规，能够听懂教师的口令并做出相应的反应。学会正确地走、跑、跳、踢等运动技能，并能根据信号做出反应。增强心肺功能的体能锻炼，同步进行幼儿大肌肉力量、耐力、平衡等素质练习。

4—5 周岁幼儿九月份体能锻炼计划

月份	目　标	周次	目标与要求	动　作 技能形式	实践途径		晨间锻炼内容
					体能活动内容	户外活动延伸内容	
九月份	练习走、跑、跳的基本动作，提高幼儿下肢力量和基本协调平衡能力以及基础有氧耐力。	第一周	1. 预备周（调整周）。 2. 常规培养。 3. 队列队形。	1. 口令。 2. 横列纵路队形分明。	1. 找旗排队。 2. 听鼓声大步走。	1. 听信号抢位置。 2. 大步走。 3. 脚尖走。	在音乐背景和家长、教师的陪同下自由地做走、跑、跳、平衡等动作。
		第二周	1. 发展幼儿身体协调性。 2. 锻炼上下肢的协调能力。	1. 节奏走。 2. 半蹲走。	1. 拍手指挥脚。 2. 蹲走传球。	1. 变换节奏走。 2. 快步走。 3. 侧身走。	
		第三周	1. 发展幼儿身体协调性。 2. 锻炼上下肢的协调能力，以及身体灵活性。	1. 竞速走。 2. 追逐跑。	1. 持物快走。 2. 传信息跑。	1. 追逐跑。 2. 障碍跑。 3. 蛇形跑。	
		第四周	发展幼儿的下肢力量，以及全身协调能力。	1. 单脚跳。 2. 纵跳。	1. 单脚圆周跳。 2. “狐狸与青蛙。”	1. 双脚跳跃障碍。 2. 原地纵跳。 3. 原地纵跳转 90 度。	

4—5周岁幼儿十月份体能锻炼计划

<table>
<tr><th rowspan="2">月份</th><th rowspan="2">目　标</th><th rowspan="2">周次</th><th rowspan="2">目标与要求</th><th rowspan="2">动　作
技能形式</th><th colspan="2">实践途径</th><th rowspan="2">晨间锻炼内容</th></tr>
<tr><th>体能活动内容</th><th>户外活动延伸内容</th></tr>
<tr><td rowspan="4">十月份</td><td rowspan="4">发展幼儿协调、灵敏的素质，提高下肢力量，以及手眼协调配合运动的能力。</td><td>第一周</td><td colspan="4">十一小长假前提醒幼儿家长在家注意培养生活习惯常规。按时起床，最好能有晨间活动、午睡、休息及用餐不暴饮暴食；每天尽可能坚持户外活动。</td><td rowspan="4">在音乐背景和家长、教师的陪同下自由地做走、跑、跳、平衡等动作。</td></tr>
<tr><td>第二周</td><td>1. 发展幼儿的协调性。
2. 练习手眼配合能力。</td><td>1. 抛球。
2. 纵跳摸高。</td><td>1. 自抛自追球。
2. “猴子摘桃”。</td><td>1. 练习篮球连续拍球。
2. 双手向上抛接球。
3. 跳皮筋。</td></tr>
<tr><td>第三周</td><td>1. 发展幼儿的协调性。
2. 熟练手眼配合能力。</td><td>1. 双手抛球。
2. 双脚跳。</td><td>1. 双手由胸前向前上方抛球。
2. 双脚屈膝跳障碍。</td><td>1. 练习连续拍球。
2. 双手抛接球。
3. 跨越障碍跑。</td></tr>
<tr><td>第四周</td><td>1. 发展幼儿的下肢力量。
2. 锻炼平衡能力。</td><td>1. 深蹲起。
2. 平衡木。</td><td>1. 单足站立。
2. “蚂蚁搬家”。</td><td>1. 单脚站立支撑（闭眼）。
2. 走平衡木。
3. 抱物走。</td></tr>
</table>

4—5周岁幼儿十一月份体能锻炼计划

月份	目　标	周次	目标与要求	动　作 技能形式	实践途径		晨间锻炼内容
					体能活动内容	户外活动延伸内容	
十一月份	提高幼儿的心肺功能和有氧耐力，加强肌肉力量练习。	第一周	1. 发展幼儿的心肺功能。 2. 提高幼儿的有氧耐力。	1. 匀速跑。 2. 变速跑。	1."踩老鼠"。 2. 接力游戏。	1. 追球跑。 2. 绕障碍跑。 3. 往返跑。	在音乐背景和家长、教师的陪同下自由地做走、跑、跳、踢等动作。
		第二周	1. 发展幼儿的下肢力量。 2. 提高幼儿的有氧耐力。	1. 纵跳。 2. 变速跑。	1. 在平行线左右跳。 2. 接力跑。	1. 原地开合跳。 2. 原地前后左右跳、原地纵跳转身。 3. 追逐跑。	
		第三周	发展幼儿的上下肢配合能力及协调性（调整运动量周）。	1. 踢。 2. 垫上爬。	1. 用足弓向墙上踢球。 2. 听锣声快慢爬。	1. 自踢自追球。 2. 在教室里爬。 3. 大甩臂走。	
		第四周	发展幼儿速度、灵敏度、有氧耐力等基本身体素质。	1. 速跑。 2. 间歇跑。	1. 冲锋。 2. "8"字信号跑。	1. 听信号跑、短距离赛跑。 2. 往返跑。 3. 蛇形跑。	

4—5 周岁幼儿十二月份体能锻炼计划

月份	目　标	周次	目标与要求	动　作 技能形式	实践途径		晨间锻炼内容
					体能活动内容	户外活动 延伸内容	
十二月份	全面发展幼儿综合身体素质，提高幼儿的下肢力量、快速反应能力以及心肺功能。	第一周	发展幼儿的快速反应能力及速度、耐力。	1. 高抬腿跑。 2. 后踢跑。	1. 听信号变换腿法跑。 2. “火苗烧木头”。	1. 赛跑。 2. 走跑交替。 3. 定向跑。	在音乐背景和家长、教师的陪同下自由地做走、跑、跳、踢等动作。
		第二周	1. 发展幼儿的下肢力量。 2. 有氧耐力。	1. 慢跑。 2. 助跑跨跳。	1. 密障碍躲闪跑。 2. “跨越小河”。	1. 跳跃障碍。 2. 螺旋跑。 3. 穿越障碍接力。	
		第三周	1. 调整运动量。 2. 上肢力量。	1. V形步走。 2. 大型玩具。	1. “模特演员”。 2. 与玩具互动。	1. 一字步。 2. V形步。 3. 拍拍走走。	
		第四周	综合素质锻炼。	1. 走跑。 2. 跳踢。	1. “炸坦克”。 2. “足球运动员”。	综合性游戏。	

第四节　4—5 周岁幼儿第二学期体能锻炼计划

一、说明

中班的第二学期是最为关键的，各项运动技能的熟练程度承上启下。本学期在户外运动常规培养方面要严格要求，需提高幼儿对户外体育活动和体能锻炼的兴趣，并让幼儿知道必要的安全保护常识。本学期天气由冷逐渐变暖，所以要延长幼儿户外活动时间，追求质量，在保证幼儿心肺功能得到提高的前提下，以锻炼幼儿运动技能技巧的各项素质为主。教师可根据南北方各地的差异因地制宜，量力而行。

二、学期总目标

常规培养的效果力求突破，能够听懂教师常态的口令并做出准确的反应。提高投、拍、爬、平衡等运动技能的能力。对幼儿运动技能技巧加强锻炼，提高幼儿身体的协调性和运动灵活能力。

4—5周岁幼儿三月份体能锻炼计划

月份	目标	周次	目标与要求	动作技能形式	实践途径		晨间锻炼内容
					体能活动内容	户外活动延伸内容	
三月份	1. 发展有氧耐力，提高心肺功能。 2. 发展平衡能力，增强身体的协调性。 3. 提高腿部的肌肉耐力和力量。	第一周	1. 预备周（体能调整）。 2. 耐力素质恢复体能。	1. 变队走。 2. 匀速跑。	1. 小碎步走。 2. 后踢跑。	1. 大步前进。 2. 匀速上下楼梯。 3. 间歇跑。	在音乐背景和家长、教师的陪同下自由地做走、跑、跳、踢等动作。
		第二周	1. 发展有氧耐力(走1200米)。 2. 发展平衡能力和协调性。	1. 变速走。 2. 四散跑。	1. 走数字。 2. 在斜坡上走。	1. 曲线跑。 2. 行进间拍球。 3. 走跑交替。	
		第三周	1. 增强腿部肌肉耐力及力量。 2. 发展协调能力。	1. 单足站立。 2. 单双腿跳。	1. 持水瓶金鸡独立。 2. “跳水运动员”。	1. 单脚站立。 2. 立定跳。 3. 单双腿交替跳。	
		第四周	增强背部、臀部和腹部的肌肉力量。	1. 悬垂。 2. 摸高。	1.“钓鱼”。 2.“摸云朵”。	1. 高举手背慢跑。 2. 高举手臂持物走。 3. 攀登架双臂屈伸。	

4—5 周岁幼儿四月份体能锻炼计划

月份	目标	周次	目标与要求	动作技能形式	实践途径		晨间锻炼内容
					体能活动内容	户外活动延伸内容	
四月份	1. 培养耐性品质。 2. 锻炼上肢部位的关节，增强上肢、肩、背等部位的肌肉力量。 3. 锻炼平衡能力。	第一周	1. 提高心肺功能。 2. 发展平衡能力。使幼儿在运动过程中能平稳地控制好自己的身体。	1. 静耐力。 2. 保持平衡。	1. 蹲着走。 2. 左右手拍球。	1. 迅速通过30度以上的斜坡。 2. 站在矮平衡木或台上拍球。 3. 跟着轮胎跑。	在音乐背景和家长、教师的陪同下自由地做拍、踢、推、拉、平衡等动作。
		第二周	1. 提高上肢力量的耐力。 2. 增强腿部肌肉的爆发力。	1. 掷远。 2. 双脚跳。	1. 爬攀登架。 2. 肩背着地蹬腿。	1. 脚踝或膝部夹球跳。 2. 自主游戏，掷海洋球。 3. 跳深50厘米左右。	
		第三周	1. 锻炼上肢肌肉的爆发力。 2. 提高心肺功能。	1. 掷远。 2. 变向跑。	1. 仰卧传球。 2. 推车跑。	1. 网球掷远。 2. 左右手扔沙包。 3. 跑跳游戏。	
		第四周	调整运动强度，做平衡躲闪游戏。	1. 保持平衡。 2. 运球。	1. 自制脚踏石，在平行线上行走。 2. 固定圈内拍球。	1. “贴人”。 2. 拍球走线。 3. “对向开车”。	

4—5周岁幼儿五月份体能锻炼计划

月份	目 标	周次	目标与要求	动 作 技能形式	实践途径		晨间锻炼内容
					体能活动内容	户外活动延伸内容	
五月份	1. 发展动作的协调性和灵敏性。 2. 发展平衡能力及柔韧性。	第一周	1. 发展动作的协调性和灵敏性。 2. 完成动作的同时保持身体的稳定性。	1. 正钻。 2. 踢球。	1. “蚂蚁运粮”。 2. 向球门内踢软方包。	1. 正面钻圈。 2. 对墙用足弓踢球。 3. 团身前后滚动。	在音乐背景和家长、教师的陪同下自由地做拍、踢、推、拉、平衡等动作。
		第二周	1. 发展有氧耐力。 2. 发展平衡能力。	1. 匀速跑。 2. 静平衡。	1. 沿线路推车跑。 2. 双腿蹲起。	1. 追球跑。 2. 走平衡木。 3. 胸部贴纸跑。	
		第三周	1. 发展柔韧性。 2. 增强上下肢的协调能力。	1. 韧带伸展。 2. 花样走。	1. “蜈蚣走”。 2. 太极拳表演。	1. 攀登架压腿。 2. 握脚腕走。 3. 对抛接球。	
		第四周	发展综合素质练习。	1. 灵敏。 2. 投掷。	1. “足球运动员”。 2. “炸碉堡”。	1. 在直线两侧跳拍皮球。 2 速跑到沙坑自由跳。 3. “打保龄球”。	

4—5 周岁幼儿六月份体能锻炼计划

月份	目标	周次	目标与要求	动作技能形式	实践途径		晨间锻炼内容
					体能活动内容	户外活动延伸内容	
六月份	1. 综合走、跑、跳、攀、爬、推、拉等各种动作进行身体素质练习。 2. 发展动作的准确性，提高身体躲闪的灵敏性及判断能力。	第一周	1. 提高上下肢协调性。 2. 发展身体灵活躲闪能力。	1. 攀爬。 2. 躲闪。	1. 后退爬。 2. 踩影子。	1. 上下攀登架。 2. “打雪仗”。 3. “对阵冲锋”。	在音乐背景和家长、教师的陪同下自由地做拍、踢、推、拉、平衡等动作。
		第二周	1.综合素质练习。 2. 提高有氧耐力，有一定的运动量。	1. 手膝爬。 2. 钻跑。	1. 前后左右爬。 2. 登梯子。	1. 大型玩具规矩上下多次。 2. 钻圈障碍。 3. 爬行游戏。	
		第三周	1. 发展动作的准确性。 2. 锻炼幼儿灵敏度及速度。	1. 推投。 2. 拉爬。	1.“灰太狼偷瓜”。 2. “小猴拉车”。	1.向框内扔球。 2.折返障碍跑。 3.自由爬行钻过皮筋见球就踢。	
		第四周	锻炼幼儿的综合素质，以平衡、柔韧、爬行为主。	1. 平衡拉伸。 2. 钻爬。	1.“小小侦察兵”。 2.“过河”。	可以班为单位组织小型运动会。	

第五节　5—6 周岁幼儿第一学期体能锻炼计划

一、说明

本学期为幼儿进入幼小衔接的第一个学期，应让幼儿充分感受户外体育活动和体能锻炼的乐趣，加大培养户外体育运动常规运动安全保护的能力。本学期内天气由凉逐渐变冷，锻炼大班幼儿身体的适应能力尤为重要，继续培养幼儿不怕冷的意志品质，使其在寒冷的冬天里乐于自我运动，感受运动在冬天带来的温暖。教师可根据南北方各地的差异因地制宜，量力而行。

二、学期总目标

培养幼儿非常好的常规，做到能够听懂教师常态的口令并做出相应的反应。加大对幼儿各项运动技能的锻炼，提升动作的准确性。加强对幼儿心肺功能的体能锻炼，同步进行幼儿大肌肉力量、耐力等素质锻炼。

5—6 周岁幼儿九月份体能锻炼计划

月份	目　标	周次	目标与要求	动　作 技能形式	实践途径		晨间锻炼内容
					体能活动内容	户外活动 延伸内容	
九月份	加强练习走、跑、跳等基本动作，提高幼儿下肢力量和基本的协调平衡能力以及基础有氧耐力。	第一周	1. 预备周（调整体能）。 2. 有氧耐力恢复。	1. 花样走。 2. 远足。	1. 听信号做不同的走法。 2. 间歇走1500米。	1. 登山步走。 2. 挪步走。 3. 倒走。	在音乐背景和家长、教师的陪同下自由地做走、跑、跳、平衡等动作。
		第二周	1. 加强幼儿身体协调性、灵活性技能技巧练习。 2. 基础有氧耐力。	1. 异形跑。 2. 节奏跑。	1. 看旗语四散跑。 2. 踩影子追逐跑。	1. 之字形跑。 2. 折线跑。 3. 螺旋跑。	
		第三周	加强幼儿身体协调性、灵活性技能技巧练习。	1. 匍匐爬。 2. 跳转。	1. “侦察大本营”。 2. “摘果子”。	1. 手膝爬。 2. 拉手翻圈。 3. 垫上跳。	
		第四周	提高幼儿的身体素质和有氧耐力。	1. 攀爬。 2. 跑跳。	1. “蜘蛛侠”（绳梯）。 2. “军事比武”。	1. 攀岩墙。 2. 登梯子。 3. 间歇跑。	

5—6周岁幼儿十月份体能锻炼计划

<table>
<tr><th rowspan="2">月份</th><th rowspan="2">目　标</th><th rowspan="2">周次</th><th rowspan="2">目标与要求</th><th rowspan="2">动　作
技能形式</th><th colspan="2">实践途径</th><th rowspan="2">晨间锻炼内容</th></tr>
<tr><th>体能活动内容</th><th>户外活动
延伸内容</th></tr>
<tr><td rowspan="4">十月份</td><td rowspan="4">1. 提高幼儿协调、灵敏的素质。
2. 增强下肢力量，以及手眼协调配合运动的能力。</td><td>第一周</td><td colspan="4">十一小长假前提醒幼儿家长在家注意培养孩子生活习惯常规。必须按时起床，晨间锻炼、午睡、休息，用餐不暴饮暴食；每天必须坚持户外活动。</td><td rowspan="4">在音乐背景和家长、教师的陪同下自由地做走、跑、跳、平衡等动作。</td></tr>
<tr><td>第二周</td><td>提高幼儿的身体协调性以及手眼配合能力。</td><td>1. 拍球。
2. 掷远。</td><td>1. 将有水的瓶子扔向水池。
2. 单手运球。</td><td>1. 练习篮球连续拍球。
2. 双手向后抛接球。
3. 纵跳摸高。</td></tr>
<tr><td>第三周</td><td>提高幼儿的身体协调性以及手眼配合能力。</td><td>1. 抛接。
2. 拍跳。</td><td>1. 拍打空中晃动物体。
2. 平行线内传球。</td><td>1. 双手抛接球。
2. 夹球跳。
3. 运球走。</td></tr>
<tr><td>第四周</td><td>发展幼儿的下肢力量以及平衡能力。</td><td>1. 保持平衡。
2. 踢。</td><td>1. 助跑击球。
2. 持物走平衡木。</td><td>1. 练习足弓踢球。
2. 脚底停球。
3. 头顶大沙包。</td></tr>
</table>

5—6周岁幼儿十一月份体能锻炼计划

月份	目标	周次	目标与要求	动作技能形式	实践途径		晨间锻炼内容
					体能活动内容	户外活动延伸内容	
十一月份	1. 加强幼儿的下肢力量锻炼。 2. 提高幼儿的心肺功能。	第一周	1. 提高幼儿的心肺功能，增强幼儿的有氧耐力。 2. 提高反应能力。	1. 间歇速跑。 2. 匀速跑。	1. “狗咬猫”游戏。 2. 自制纸箱城墙跑。	1. 途中触物跑。 2. 高抬腿跑。 3. 倒着跑。	在音乐背景和家长、教师的陪同下自由地做走、跑、跳、踢等动作。
		第二周	1. 提高幼儿的心肺功能，增强幼儿的有氧耐力。 2. 提高反应能力。	1. 侧身跑。 2. 踮脚跑。	1. 击步跑。 2. “小马运粮”。	1. 障碍跑。 2. 反向跑。 3. 接力跑。	
		第三周	1. 调整运动强度。 2. 锻炼双脚的灵活性。	1. 保持平衡。 2. 踢准。	1. “小汽车爬坡”。 2. 平行线内相互击球。	1. 对墙踢球。 2. 脚跟击球。 3. 横向S形走台阶。	
		第四周	1. 锻炼幼儿速度、灵敏反应。 2. 增强有氧耐力等。	1. 速跑。 2. 走跑交替。	1. “快速打狼”。 2. “龟兔赛跑”。	1. 听信号跑。 2. 短距离赛跑。 3. 折线跑。	

5—6 周岁幼儿十二月份体能锻炼计划

月份	目标	周次	目标与要求	动作技能形式	实践途径		晨间锻炼内容
					体能活动内容	户外活动延伸内容	
十二月份	1. 全面提高幼儿身体综合素质。 2. 增强幼儿的下肢力量、快速反应能力及心肺功能。	第一周	1. 提高幼儿的快速反应能力。 2. 加强速度耐力。	1. 速跑。 2. 模仿跑。	1. 听信号反向跑。 2. 动物跑。	1. 走跑交替。 2. 追逐跑。 3. 折返跑。	在音乐背景和家长、教师的陪同下自由地做走、跑、跳、踢等动作。
		第二周	1. 提高幼儿的快速反应能力。 2. 加强速度耐力。	1. 定向跑。 2. 持物跑。	1.“探秘虎穴”。 2.“送香蕉”。	1. 人字形跑。 2. 十字形跑。 3. 井字形跑。	
		第三周	1. 提高幼儿的下肢力量。 2. 增强有氧耐力。	1. 障碍跳。 2. 四散跑。	1.“小小特种兵”。 2.“放鞭炮”。	1. 追大纸球。 2. 定身法。 3.“摘运柿子”。	
		第四周	综合素质锻炼。	1. 跑跳踢。 2. 投爬拉。	1.“进入工地”。 2.“炮打司令部”。	1.“打雪仗”。 2.“送军粮”。 3. 纸的多钟玩法。	

第六节 5—6 周岁幼儿第二学期体能锻炼计划

一、说明

本学期是幼儿在园的最后一个时期，要让幼儿充分体会学前的运动与快乐，并努力做到使孩子们一生对体育运动的保持兴趣。加强幼儿对户外体育活动的管理工作和体能锻炼的多样化，做到安全第一。本学期由于天气由冷逐渐变暖，在完成其他各项工作的同时应尽可能延长幼儿户外活动时间，保证运动质量和运动强度。教师可根据南北方各地的差异因地制宜，量力而行。

二、学期总目标

坚持对幼儿始终如一的严格的常规培养。综合各项运动技能对幼儿进行锻炼，有创新性、突破性、多样性地完善体育运动教学，给孩子们留下美好的回忆，给家长交一份满意的答卷。

5—6 周岁幼儿三月份体能锻炼计划

月份	目标	周次	目标与要求	动作技能形式	实践途径		晨间锻炼内容
					体能活动内容	户外活动延伸内容	
三月份	1. 加强有氧耐力锻炼，提高心肺功能。 2. 加强平衡能力锻炼，增强身体的协调性。	第一周	1. 预备周（调整体能）。 2. 有氧耐力恢复。	1. 队列队形。 2. 匀速跑。	1. 军训表演。 2. 圆圈接力。	1. 跑方格。 2. “捉尾巴”。 3. 追气球。	在音乐背景和家长、教师的陪同下自由地做走、跑、跳、踢等动作。
		第二周	1. 加强有氧耐力锻炼。 2. 加强平衡能力和协调性锻炼。	1. 踢。 2. 变向跑。	1. 正反方向跑。 2. 带球射门。	1. 曲线跑。 2. 行进间拍球。 3. 踢球跑。	
		第三周	1. 增强腿部肌肉耐力及力量。 2. 加大锻炼幼儿身体协调能力。	1. 单双腿跳。 2. 手脚配合。	1. “救助伤员”。 2. 持小横杆从上向下跳。	1. 助跑跨跳。 2. 单腿跳。 3. 单双腿交替跳。	
		第四周	减小运动强度，自然、舒缓、平衡。	1. 自然跑。 2. 保持平衡。	1. 计时慢跑。 2. 持物走斜面平衡木。	1. 高举手臂慢跑。 2. 在平衡木上做动作。 3. 伸两臂半蹲走。	

5—6周岁幼儿四月份体能锻炼计划

月份	目　标	周次	目标与要求	动　作 技能形式	实践途径		晨间锻炼内容
					体能活动内容	户外活动 延伸内容	
四月份	1. 加大锻炼上肢部位的力量，增强上肢、肩、背等部位的肌肉力量。 2. 增强腿部的肌肉耐力和力量。	第一周	1. 加大上肢力量及耐力锻炼。 2. 增强平衡能力。	1. 投掷。 2. 保持平衡。	1. 仰卧传大球。 2. 头顶方垫在平衡木上走。	1. 迅速通过30度以上的斜坡。 2. 站在矮平衡木或台上拍球。 3. 投掷飞盘。	在音乐背景和家长、教师的陪同下自由地做拍、踢、推、拉、平衡等动作。
		第二周	1. 加大上肢力量及耐力锻炼。 2. 增强腿部肌肉的爆发力。	1. 悬垂。 2. 从低往高跳。	1. “冲出战壕”。 2. “过铁索桥”。	1. 攀登架正握杠臂屈伸。 2. 纵跳摸高。 3. 掷网球。	
		第三周	1. 锻炼上肢肌肉的爆发力。 2. 提高心肺功能。	1. 抛投。 2. 跑推。	1. “运输司机”。 2. “传运西瓜”。	1. 推车跑。 2. 双手向后抛球。 3. 追轮胎跑。	
		第四周	1. 锻炼上肢肌肉耐力和力量。 2. 完成走、跑、跳等的协同配合锻炼。	1. 攀爬。 2. 助跑跨跳。	1. 助跑踏板向沙坑中跳。 2. “大象走”(手足爬行)。	1. 攀登架上反握杠屈伸臂。 2. 设置简易障碍跑跳。 3. 攀岩墙。	

5—6周岁幼儿五月份体能锻炼计划

月份	目　标	周次	目标与要求	动　作技能形式	实践途径		晨间锻炼内容
					体能活动内容	户外活动延伸内容	
五月份	1. 加强幼儿各项动作的协调性和灵敏性。 2. 加强平衡能力及柔韧性的肢体锻炼。	第一周	1. 提高动作的协调性和灵敏性。 2. 完成动作的同时保持身体的稳定性。	1. 攀爬。 2. 跑跳。	1. 手膝、手足爬。 2. “去河里捞石头”。	1. 跳在垫上坐坐自由结伴玩。 2. 猜拳跨大步跳。 3. 自由灵活上下攀登架。	在音乐背景和家长、教师的陪同下自由地做拍、踢、推、拉、平衡等动作。
		第二周	1. 提高动作的协调性和灵敏性。 2. 完成动作的同时保持身体的稳定性。	1. 跨跳。 2. 推拉。	1. “修筑滇缅公路”。 2. “我是‘刘翔哥’”。	1. 跨栏跳。 2. 延线路推车曲线跑。 3. 双手拉车倒退走。	
		第三周	1. 加强身体柔韧性的锻炼。 2. 加强上下肢协调能力的动作练习。	1. 翻滚。 2. 坐立体前曲。	1. 垫上平躺滚。 2. “小小武术队”。	1. 团身前后滚动。 2. 向指定方向滚。 3. 武术形体表演。	
		第四周	1. 加强身体柔韧性的锻炼。 2. 加强上下肢协调能力的动作练习。	1. 拉拍。 2. 伸滚。	1. “篮球运动员”。 2. “李宁王子”(前滚翻)。	1. 单手速拍球。 2. 自由翻滚。 3. 匍匐前进。	

5—6周岁幼儿六月份体能锻炼计划

<table>
<tr><th rowspan="2">月份</th><th rowspan="2">目　标</th><th rowspan="2">周次</th><th rowspan="2">目标与要求</th><th rowspan="2">动　作
技能形式</th><th colspan="2">实践途径</th><th rowspan="2">晨间锻炼内容</th></tr>
<tr><th>体能活动内容</th><th>户外活动
延伸内容</th></tr>
<tr><td rowspan="4">六月份</td><td rowspan="4">1. 让各项运动技能给小朋友留下深刻的印象和美好快乐的回忆。
2. 综合各项运动技能，让孩子们体验运动的乐趣并能培养他们对体育运动一生的热爱。</td><td>第一周</td><td>1. 体会倾听力与肢体的配合能力。
2. 感受军人般的身体形态及队列变化。</td><td>1. 常规。
2. 队列队形。</td><td>1. 看旗语听哨音做动作。
2. “首长阅兵”。</td><td>1. 红蓝对阵。
2. “新兵连”。
3. “保卫钓鱼岛”。</td><td rowspan="4">在音乐背景和家长、教师的陪同下自由地做拍、踢、推、拉、平衡等动作。</td></tr>
<tr><td>第二周</td><td>1. 发挥柔韧上肢力量，体验自己长大。
2. 体验攀爬，激励自己勇往直前。</td><td>1. 伸投。
2. 攀爬。</td><td>1. “孙悟空的水帘洞”。
2. 仰卧起传球。</td><td>1. 毛毛虫走。
2. 多人单足。
3. “小松鼠跳树枝”。</td></tr>
<tr><td>第三周</td><td colspan="2" rowspan="2">1. 结合走、跑、跳、踢、平衡等运动技能自行组织运动拓展。
2. 结合投、抛、推、拉、转等运动技能自行组织运动拓展。
3. 渗透幼小衔接的主体思想，有条件的幼儿园可带领小朋友去小学观摩体育课。
4. 严格常规性要求，不浮躁，遵规则，懂安全，讲文明。</td><td colspan="2" rowspan="2">1. 夹物接力跳。
2. 头顶纸箱走。
3. 垫上翻滚过独木桥。
4. 在水中跑扔海洋球。
5. 口袋跳。
6. 30秒至1分钟跳绳。
7. 在平衡木上拍球走。
8. 两人奔牛比赛（反向用腰拉）。
9. 听信号速爬。
10. 障碍推车。</td></tr>
<tr><td>第四周</td></tr>
</table>

第六章　幼儿体能活动参考教案

本章在幼儿园常规化教案的基础上，根据幼儿体能活动的特点整合出直观的、目标性强的、运动技能明确的、运动强度适中的体能活动教案形式。一批一线优秀教师提供了小、中、大班数十个体能活动教案，供各位同行参考并提出宝贵意见。

第一节　幼儿园小班体能活动参考教案

（一）走——顺序走

保定市新华幼儿园　钟颖　提供

内容：动物找家。

目标：●引导幼儿自然地走，锻炼幼儿一个跟着一个走。

●培养幼儿对体育活动的兴趣。

强度：☆☆☆

准备：小旗子（最好 4 种颜色）、任意 4 种小动物的大教具（例如小狗、小猫、小兔子、小鸭子等）。

过程：

一、准备部分

队列与站姿：带领小朋友围成两个圈。

热身活动：玩说民谣《木头人》（“山连山，水连水，我们都是木头人，不许说话不许动”）做热身，要求小朋友一起说儿歌，自由走动做动作，说到“不许动”时可做任意动作定势，但只允许在圈内活动。

二、基本部分

（一）动作技能

自然地走。动作要点：上体正直、两臂前后自然摆动、步幅均匀。

（二）动作巩固

游戏：听话的小动物。

队列及场地：按场地实际情况划分为 5 块。其中将小朋友分成 4 路纵队为一块场地，小朋友之间前后左右间距不低于一臂，作为小朋友做准备活动和当作小动物的家用（家与队伍的距离不低于 5 米）。在队伍周边或恰当场地处用圆圈或正方形画出 4 个小动物的家，并把小动物的道具放置家中作为小朋友的指定目标。每一路纵队分别代表一种小动物，选定每路纵队的排头作为小动物的首领，手举小旗。

规则与要求：教师说到哪一路小动物的名字时，哪一路小动物的首领就手举小旗领着后面的小动物一个跟着一个，自然地走向小动物的家。到家后先绕着家走一圈然后再进入家中。从家出发回到小动物的活动场地时，同样按回家的顺序排队一个跟着一个自然地走。建议先一组一组地走，然后再两组同时走。教师要把活动规则交代清楚，控制走的速度，不要变成跑。

安全与保护：开始练习时由于小朋友的自控能力差，身体平衡能力不强，教师一定要防止因幼儿拥挤造成的摔倒或叠压现象，要求小朋友们在一个跟着一个走的时候，身体的任何部位不允许和其他小朋友接触。

三、结束部分

还原为 4 路纵队，放松整理，唱民谣《木头人》成一路纵队带回。

活动延伸：户外活动时沿着标识线走，队伍稍加长。解放军走、在狭窄的小路或平行线内行走。

（二）跑——听信号跑

保定市新华幼儿园 钟颖 提供

内容：小鸡捉虫子。

目标：●锻炼幼儿一个跟着一个跑的秩序性。

●能听信号准确地跑，培养幼儿的倾听能力。

强度：☆☆☆☆

准备：

（1）口哨、纸杯、粗毛线头、圆珠笔芯、不超过 5 毫米粗的树枝。将粗毛线头、圆珠笔芯、树枝截成 3 厘米长的小段若干当小虫子。小框 8 只、小鸡头饰 4 个。

（2）将小朋友分成 4 组，一路纵队为一组，每组选出 1 名鸡妈妈戴头饰，也可轮流做鸡妈妈。

（3）将场地分为小鸡的家和草地 2 块。

（4）每组用 2 只框子。

过程：

一、准备部分

队列与站姿：幼儿由教师带领呈一路纵队走成一个圆圈，立定站好，转身面向圆心。

热身活动：在教师的带领下，活动下肢及脚腕。

二、基本部分

（一）动作技能

跑。动作要点：步幅适中，不宜过大，前后摆臂自然，腿蹬地要有力，双臂自然摆动，两腿的蹬与双臂的摆配合协调。

练习形式：场地内相距不等的线（线长 15 米左右）6—10 条，教师和幼儿站在同一条线上，教师吹响口哨后，跑向某一条线，幼儿快速跟上，锻炼幼儿的快速反应能力和跑的技能。

（二）动作巩固

游戏：小鸡捉虫子。

规则及要求：每一名小朋友手里拿一只纸杯用来装“虫子”。老师点到哪一组“小鸡”的名字哪一组就预备好。听到老师的第一声哨响就一个跟一个地整齐地从家里跑到草地里抓小“虫子”。途中老师连续吹两次口哨后“小鸡”们原地立定，吹一次口哨前进，保持一个跟着一个的纵队队形。当“小鸡”到达草地，每人只抓一只小“虫子”放在纸杯中，并且按顺序一个一个地抓。小朋友将抓回的小“虫子”放回小鸡家的框里（用同样的方法一个跟一个跑回去）。游戏从单组进行到多组同时进行。注意：小朋友必须一个跟着一个，保持队伍的连续，每人以中速度每次只抓一只“虫子”；教师的信号不要太频繁，一定要清晰明确；小朋友在跑的过程中不要让小“虫子”从杯中掉出。中班小朋友活动时可适当增加难度。

安全与保护：一定要防止因幼儿拥挤造成的摔倒或叠压现象。提醒小朋友小“虫子”一定要放在纸杯中（以免发生勿吞现象）；要求小朋友们在一个跟着一个跑的同时，身体的任何部位不允许和其他小朋友接触。

三、结束部分

幼儿呈自由队列，分散在教师的周围。播放轻松的音乐，抖动下肢，使全身松弛下来。

活动延伸：学做解放军喊口号跑，听信号原地踏步调整，继续一个跟着一个跑。

（三）平衡——平衡木

河北大学幼儿园　孟清　提供

内容：金猴摘桃。

目标：●学习双手平举，顺利通过平衡木。

●在游戏中学习平衡技能，激发幼儿参加体育活动的兴趣。

强度：☆☆☆

准备：

1. 物质准备：自制长满桃子的桃树两棵，口哨、金猴头饰每人 1 个，2 米长的 6 条平衡木（小桥），篮子 2 个。

2. 经验准备：会说儿歌《小猴子》。

过程：

一、准备部分

（一）队列及站姿

× × × × ×
× × × × ×　　▲
× × × × ×
× × × × ×
△

上图“×”代表小朋友，“▲”“△”代表教师。

常规：教师和小朋友打招呼，询问幼儿身体状况，呈四路纵队站好，常规练习。

口令：稍息、立—正、一臂间隔向前看齐、手—放下等。

（二）幼儿感兴趣的热身练习

教师发放头饰，教师扮演猴妈妈带宝宝出来玩，猴妈妈：“猴宝宝们，今天天气真好啊！跟妈妈一起到外面去玩一玩吧。”边走边说儿歌《小猴子》：“小猴子，吱吱叫，挤眉弄眼爱胡闹。左看看，右瞧瞧，看见什么都想要。小猴子，嘻嘻笑，喜欢模仿凑热闹。左晃晃，右挠挠，做个鬼脸惹人笑。”幼儿自由地做小猴的动作进行热身活动。

身体造型动作要点：

“金猴展臂”——幼儿上身直立，双脚并齐，两手臂学习伸展动作。

“排山倒海”——幼儿身体带动手臂摆动，双脚可随意做动作。

“金猴独立”——幼儿双手侧平举，上身直立，单脚着地。

（三）身体动作练习

队列：集体列队→分组单列队。

动作练习：双手侧平举，身体正直向前走。

动作要点：双手平举，眼看前方。

要求：动作自然，身体放松。每组练习 1 次，距离 10 米。

二、基本部分（金猴摘桃）

（一）行走“独木桥”

猴妈妈指着对面“树上”的桃子说：“猴宝宝们你们看，那边有好多的桃子呀，你们想不想去摘呀?”猴宝宝：“想。”猴妈妈：“可是摘桃子去的时候我们要过一条窄窄的独木桥，独木桥的两边都是很危险的河流，我们要先学会走独木桥，才能安全地摘到桃子哦！看，我们眼前的这些独木桥，只要学会了走这个，就可以顺利地摘到桃子了。”

（1）猴宝宝们尝试用自己的方法过独木桥。

猴妈妈提问：“猴宝宝们，你们是怎么过独木桥的?”（幼儿回答已经试过的方法——爬、走、跑……）

（2）幼儿通过再次尝试和比较，发现双手平举可以顺利、安全地过独木桥。

猴妈妈：“请宝宝们利用想到的方法进行示范（如爬、走、跑等），看看谁的方法能又快又安全地通过呢?”

大家讨论后发现双手平举、眼看前方，可以又快又顺利地过独木桥。

（3）请动作准确的猴宝宝示范正确动作，猴妈妈进行语言指导。

猴妈妈请动作准确的猴宝宝进行示范，眼睛看着前面，然后一步一步地过独木桥，这样又快又安全。

（4）集体练习。

队列：分组。

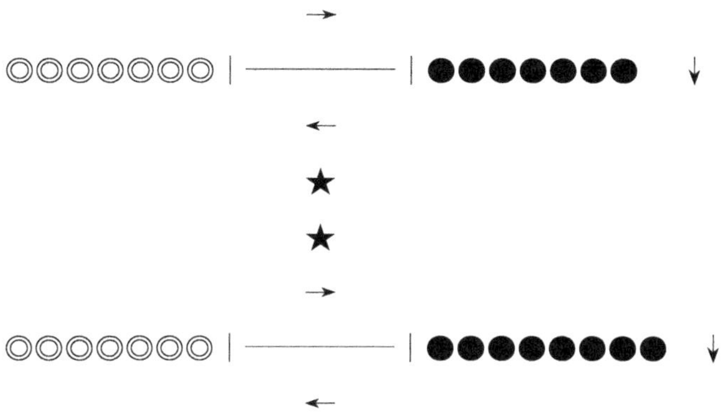

上图“◎”代表起始端小朋友，“●”代表从起始端走过来的小朋友，“→”代表方向，“★”代表教师，“｜”代表起点。

动作要点：眼睛看着前方，身体平稳地通过。

规则、要求：幼儿从起点走到对面终点即为顺利通过。要求幼儿专注，提醒幼儿按照要求的动作来完成，在 6 米长的平衡木上练习 5 次，注意保护能力较弱的幼儿。

安全保护：幼儿的双脚直线前行，站稳后再行走下一步，保持自己身体的平稳。

（二）小金猴摘桃子

队列：分组—集体。

猴妈妈：“现在让我们一起走过独木桥去摘桃子吧。”教师带领幼儿用规范的方法走过平衡木。“哎呀，桃子还没成熟呢，那我们给桃子浇浇水、施施肥吧。现在我们还是先回家等待吧！”（教师带幼儿原路返回。）过了“几天”教师带领幼儿做苏醒的动作，通过“小桥”走到桃树旁，看看桃子熟了没有。啊，桃子熟了，小猴子们太开心了，那今天我们就来一次“摘桃子比赛”吧。

分组：看桃子有没有成熟。

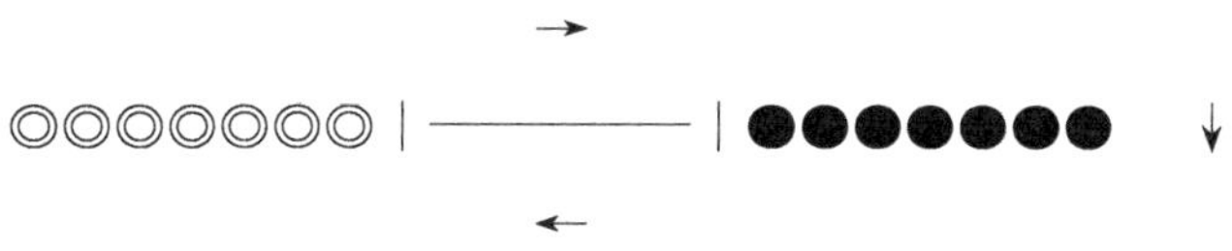

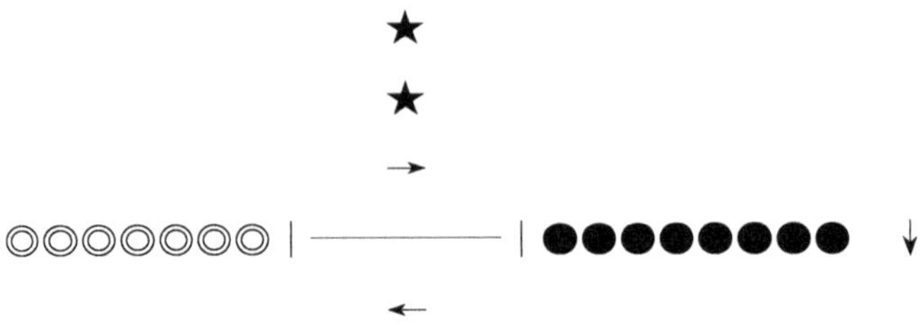

集体：（摘桃子比赛。）

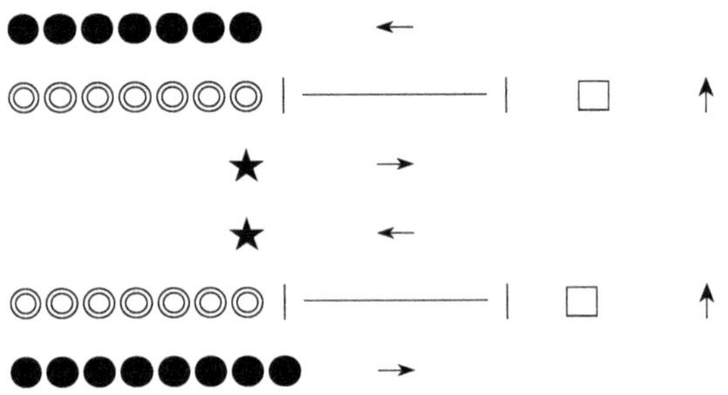

上图“◎”代表起始端小朋友，“●”代表摘回桃子的小朋友，“→”代表方向，“★”代表教师，“|”代表起点，“□”代表篮子。

动作要点：双手侧平举，眼睛看前方，身体保持平衡。

规则：金猴摘桃游戏，可以两列横队为一组进行比赛，到桃树旁摘一个桃子，哪队先将对面桃树上的桃子摘完，哪队获胜（桃子数以当天的人数为准）。

要求：通过长6米的“小桥”时不能掉下来，摘到桃子后保护好自己的桃子跑回家放到小篮子里。根据幼儿的需求游戏可玩2次。

安全保护：幼儿的双脚直线前行，站稳后再行走下一步，保持身体的平稳。返回起点时不要太着急，调整好步子，以免摔倒。

三、结束部分（肢体放松）

队列：自由分散。

放松动作：

（1）小猴子站在原地，身体随意放松。

（2）游戏“动一动”。

猴妈妈：“我们摘了这么多的桃子，好累呀！现在让我们来做做放松运动轻松一下吧!”（儿歌：“动动头来动动脚，扭扭屁股扭扭腰，小手向小脚问声好，小脚高兴得到处跑。”）

（3）整队离场。

猴妈妈：“今天我们不但学会了走独木桥，还摘了这么多的桃子，现在跟猴妈妈一起回家吃桃子去吧。”

备注：此活动运动强度不大，教师应充分让幼儿感受游戏的乐趣，减少害怕的心理，体验勇敢、自信、成功的快乐。

活动延伸：双手侧平举，脚尖、脚跟前行，侧身行走平衡木。

（四）钻——正身钻

保定市新华幼儿园　钟颖　提供

内容：小鱼游啊游。

目标：●练习钻的技能，能够钻过直径 60 厘米的圆圈。

●发展身体协调性，增强幼儿间的合作意识。

强度：☆☆☆

准备：宽敞平坦的场地、白色皱纹纸、太阳头饰。

过程：

一、准备部分

队列及站姿：幼儿呈一路纵队围场地慢跑 3—4 圈，慢跑停止后踏步围成一个圆。

热身活动：教师带幼儿学小鱼游的动作，重点活动头颈、腰椎等部位，为钻的练习做好准备。

二、基本部分

（一）动作技能

动作要点：屈膝，向前弯身，头、身体、双脚依次穿越。

（二）动作练习与巩固

游戏 1：河里小鱼游。

规则和要求：幼儿的四分之一做小鱼，其他幼儿做渔网，站成一个大圆圈（两人间隔约 50 厘米）。扮演小鱼的幼儿站在圆圈内。游戏开始，小鱼在圈内自由地游动，做渔网的幼儿逆时针沿圈边走边问，两角色对话。网：“小鱼小鱼要干吗?”鱼：“我想出去玩一会儿!”网：“你想出去不容易。”鱼：“我们一定要出去!”说完后，小鱼立即从渔网的空隙往外钻，扮演渔网的幼儿拉手上下摆动，挡住小鱼。钻出渔网的幼儿即为胜利。幼儿可互换角色，继续游戏。

安全与保护：提醒幼儿，上下摆动手臂时，不要撞及“小鱼”的头。

游戏 2：小鸭来了。

规则和要求：请 6—7 名幼儿扮演小鱼、3—4 名幼儿扮演小鸭，其他幼儿围圆做池塘。游戏开始，岸边的小鸭钻入池塘捉小鱼，小鱼可以跑动，或钻进钻出躲避小鸭，被捉到的小鱼停止游戏。可交换角色反复进行。

游戏 3：桥底追逐。

队列及场地：幼儿分成人数相同的两组，手拉手各成一列横队，且和另一组面对面。

规则和要求：游戏开始，幼儿边有节奏地念儿歌边做摇船的动作：“摇啊摇，摇啊摇，大桥底下真热闹。小鱼钻来又钻去，看看哪队得第一!”儿歌念完，每队第一名幼儿立刻把手放开，从大家搭的桥下钻过去，钻到队尾处和最后一名幼儿拉手搭成桥，如此进行，直到全部幼儿通过，看哪队最先完成。注意：钻时不能碰到桥洞，桥洞也不能散开。

三、结束部分

跟教师一起用手臂模仿水中波浪，活动上肢，放松身体。

（五）跑——速跑

河北大学幼儿园　孟清　提供

内容：小鸡捉虫。

目标：●锻炼幼儿快速跑的能力，且不与他人碰撞。

●在游戏中感受到快乐，锻炼幼儿大胆、自信的意志品质。

强度：☆☆☆☆☆

准备：场地 5 米×15 米，口哨，秒表，母鸡、狐狸头饰各 1 个，小鸡头饰若干，“虫子”若干，森林，“小鸡”“狐狸”家的场景。

过程：

一、准备部分

（一）队列及站姿

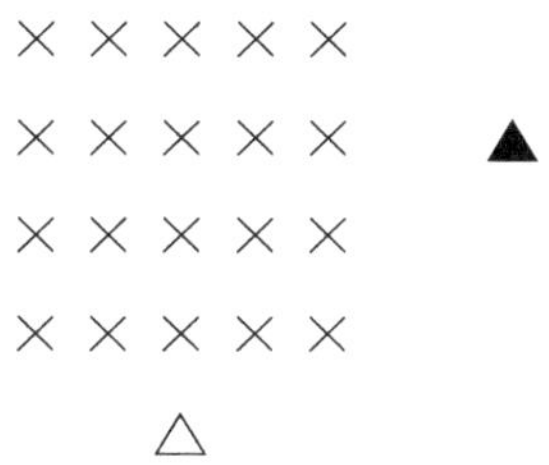

常规：检查着装，询问幼儿身体状况，师生问好，呈四路纵队站好，常规练习。

口令：立一正、稍息、向右看一齐、向前一看等。

（二）相关部位的热身活动

动作要点：头→肩→臀→腰→腿→踝→全身。

（三）下肢活动的动作练习

引导幼儿说出一个跟着一个走并进行列队练习。

队列：集体→分组。

动作练习：按顺时针方向一个跟着一个走。

动作要点：挺胸，躯干正直，使颈、背在同一垂直面上，眼看正前方，步幅大而均匀，落地轻柔，两臂自然前后摆动。

要求：动作自然，按顺时针方向一个跟着一个走。每组练习一次，距离10米。

（四）小鸡学本领（妈妈示范怎样捉虫子）

动作要点：幼儿学习跑的动作，双手握空拳，前后自然摆动，双脚跑动。

规则：一组接着一组地进行练习。

要求：巩固跑的技巧。距离10米，每组练习2次，动作到位，到终点后跑回原点。

安全保护：提醒幼儿在跑的过程中不要接触其他小朋友的身体，防止由于速度过快或两臂力量不足、前倾力度过大而摔倒。

二、基本部分（小鸡捉虫）

（一）小鸡跑步寻狐狸家

队列：分组进行。

动作要点：步子迈开，落地轻柔，躯干正直稍前倾，两臂握拳屈肘，前后快速摆动。

规则：小鸡跑步寻狐狸家状况，以一列横队为一组进行巡视，不限速度，巡视完后回起始位置站好。

要求：距离 10 米，在此过程中必须到狐狸家，每组连续 2 次以达到预期运动量。

（二）勇敢的小鸡

队列：分组→集体。

动作要点：小狐狸出现，要求小鸡在捉虫的时候要尽量躲避狐狸，遇见狐狸要快跑回到自己的家中。

规则：小鸡要在不被狐狸捉住的同时将自己捉到的虫子送回家和大家分享，如小鸡不幸被狐狸抓住，大家要一起想解救同伴的方法。

要求：距离 10 米，在此过程中双手握空拳，前后自然摆动，双脚跑动，全体连续两次以达到预期运动量。

（三）营救鸡宝宝

队列：分组→集体。

动作要点：步子迈开，落地轻柔，躯干正直稍前倾，两臂握拳屈肘，前后快速摆动，游戏中快速躲避狐狸。

规则：和鸡妈妈探讨小鸡被捉住的原因及营救鸡宝宝的办法。营救出鸡宝宝后，请鸡宝宝保护好自己的食物并拿回家分享。

要求：距离狐狸家近时以哨声为信号，全体小朋友同时跑到森林，每人捉好虫子后迅速跑回原位（根据教师观察幼儿表象或测心率而定）。

三、结束部分（肢体放松）

队列：

×××××
×××××
×××××
×××××
△

放松动作：

(1) 小鸡原地放松踏步走。

(2) 放松游戏“洗一洗、抖一抖、摇一摇”。

(3) 整队离场。

活动延伸：追逐跑、四散跑、变化跑。

(六) 跑——蛇形跑

保定市新华幼儿园　唐昊　提供

内容：踩老鼠。

目标：●练习在跑步中控制方向和速度。

●培养跑的兴趣，体验跑步活动中的多种乐趣。

强度：☆☆☆☆

准备：场地 5 米×15 米、老鼠卡片 4 个、口哨、秒表。

过程：

一、准备部分

(一) 队列及站姿

×××××
×××××　　▲
×××××
×××××

常规：检查着装，询问幼儿身体状况，师生问好，呈四路纵队站好，常规练习。

口令：立—正、稍息。

（二）相关部位的热身活动

动作要点：头→肩→髋→膝→踝→全身。

（三）高抬腿练习

（四）活动练习

教师向幼儿讲解示范追逐步的动作要领：

（1）上体微向前倾，两腿微弯，同时，左脚利用右脚掌的蹬力跃出，前脚掌先着地，身体重心前移。右脚照此法动作。

（2）上体前倾，两臂前后自然摆动。

二、基本部分

练习：幼儿分成 4 组进行 2 米×5 米往返跑练习。

队列：集体→分组。

× × × ×→　　×
× × × ×→　　×
× × × ×→　　×
× × × ×→　　×

游戏：踩住小老鼠。

玩法：将幼儿分成 4 组进行游戏，每名教师带领 1 组幼儿，手持老鼠卡片一端的绳子。教师发令后，教师抻拉老鼠卡片在前面按蛇形路线跑，幼儿在后面跟随奔跑。教师可在活动时根据幼儿情况适当加快或放慢奔跑速度，不断改变奔跑方向。当幼儿用脚踩住小老鼠卡片时游戏结束。

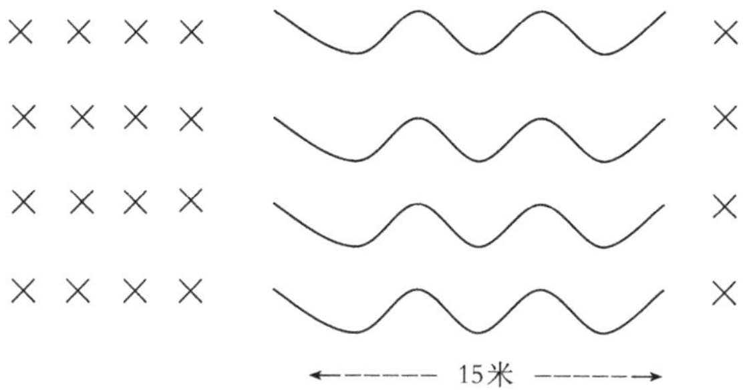

安全保护：提醒幼儿在奔跑时避免发生碰撞，并注意奔跑时的呼吸节奏。

备注：

（1）当教师在前面奔跑时，注意蛇形路线要明显，可边跑边进行语言上的方向提示，不宜过快或过慢。

（2）游戏可进行 2—3 次，关注幼儿个体差异。

三、结束部分（肢体放松）

队列：一路纵队。

动作：肢体放松，提醒幼儿完全放松状态深呼吸。

放松动作：带领幼儿进行深呼吸，散步放松，整队离场。

活动延伸：四散跑。

游戏：我是小小飞行员。

目标：发展幼儿四散奔跑的能力，培养幼儿动作节奏感。

玩法：请 4—5 名幼儿当飞行员，其余幼儿站在圆圈上。游戏开始后，飞行员双手各拿着一个小风车在圈内自由跑动。圈上的幼儿拍手齐说儿歌："白白的云，蓝蓝的天，星星月亮挂上面。长大要当飞行员，驾着飞机飞上天！"儿歌说到最后一句时，飞行员即停在一名幼儿面前，接着说："请你来当飞行员！"同时把小风车交给对面的幼儿，并与其交换角色。圈上幼儿继续说儿歌，持小风车的飞行员自由跑动。

规则："飞行"和"待飞"的幼儿都可发挥创造性，可自由飞行，也可编队飞行，还可做各种特技飞行。

（七）抛——双手抛接球

保定市新华幼儿园　李素卿　提供

内容：小熊猫玩球。

目标：●学习双手抛球，能接住抛来的球。

●巩固掌握滚接大皮球的方法，动作协调灵敏。

强度：☆☆☆

准备：场地 5 米×10 米、皮球若干（与幼儿人数相等）、熊猫头饰若干（与幼儿人数相等）、音乐磁带。

过程：

一、准备部分

教师带幼儿随音乐做准备动作："小熊猫真快乐，和妈妈一起出来玩，跑跑又跳跳，身体棒又棒。"

（一）队列及站姿

呈一路纵队进场，一个跟着一个走。

（二）相关部位的活动准备

在教师带领下，听音乐做小动物模仿操，动作要点：头→肩→髋→腰→膝→踝→全身。

二、基本部分

（一）动作技能

动作要点：双臂前伸，双手张开，自下至上做抛的动作。

练习形式：自由练习，感受抛的徒手动作。

(1) 教师："妈妈带来许多大皮球，小熊猫找到一个好朋友，一起滚球玩。两个好朋友，你把球传给我，我接住球再传给你，传来传去真好玩。"教师边讲边与配班教师或幼儿做示范，引导幼儿推球时将两手分开，胳膊用力向对面的小朋友抛去，对面的幼儿要注意球的方向，用双手去接传来的球，然后再传回去。

(2) 幼儿分两排面对面站立，两人一组，距离 1 米，每组两次，动作缓慢，动作到位。提醒幼儿不要把球抛得过高，以防砸碰到小朋友的身体。

（二）动作巩固

游戏名称：熊猫滚接球

队列及场地：分组，幼儿面对面 1.5 米距离。

规则与要求：小朋友以小熊猫比赛的形式反复练习抛接球的技能动作。双臂前伸，双手张开，每个幼儿保证能抛接球 15—20 次左右，速度中缓。（根据幼儿实际能力调整。）

安全与保护：提醒幼儿用力适当，双手接球。在抛接球的时候，注意安全，能灵活躲闪不被球砸碰。

三、结束部分（肢体放松）

幼儿呈自由队列，分散在教师的周围。

播放轻松的音乐，幼儿模仿熊猫各种走路姿势及动作，使全身松弛下来。教师用语言提示使幼儿的心理和身体达到完全放松状态。

活动延伸：双手用力把球抛高、单手扔球。

（八）平衡——单脚站立

保定市新华幼儿园　李素卿　提供

内容：小兔学本领。

目标：●幼儿学习单脚站立，手不扶物，保持身体平衡。

●发展幼儿平衡能力及身体的协调性。

●尝试探索走“梅花桩”的技能，锻炼幼儿大胆自信和勇于克服困难的意志品质。

强度：☆☆☆

说明：平衡不是单一的动作练习，坐、立、行、跑、跳等各项活动都离不开平衡。平衡对安全特别有好处，平衡能力的强弱又将直接影响幼儿其他活动能力的发展。

准备：易拉罐做成的“梅花桩”若干，小地垫若干（与幼儿人数相等）。

过程：

一、准备部分

队列与站姿：幼儿由教师带领呈一路纵队走成一个圆圈，立定站好，转身面向圆心。

教师："兔宝宝们，今天妈妈带你们学新的本领——平衡的本领，现在先跟妈妈一起活动活动身体吧。"在教师的带领下，沿着圆圈慢跑，并由慢跑换成小兔跳等动作，活动过程中注意不推挤，不大声说话。

二、基本部分

（一）动作技能

动作要点：单腿抬高，身体平衡。

练习形式：

(1)"妈妈今天教宝宝们单脚站立的本领，先看妈妈怎样做。"教师示范单脚站立的动作：单腿抬高离地，双腿并拢，脚靠在另一条腿侧，双臂展开辅助平衡。

(2) 幼儿 5 人为一组，一组一组地进行练习，再到两组到集体，要求单脚站立，保持 3—5 秒，动作到位。

（二）动作巩固

游戏 1. 老狼几点了。

队列：各种形式。

动作练习：单脚站立。

运动保护：提醒幼儿在跑和单脚站立的过程中保护自己，防止在站立和跑的临界状态时发生摔倒、碰撞。

老师："宝宝们都学会了单脚站立的新本领，一会儿妈妈再考一考小兔宝宝们，看你们的本领学得好不好。一会儿大灰狼来了，我的兔宝宝们要赶快跑回自己的家里（地上放与幼儿人数相等的地垫做家），大家要单脚站立，保持平衡站稳，才不会被大灰狼抓走。"（玩游戏："老狼几点了" 2—3 遍。）

游戏 2. 学走"梅花桩"。

老师："宝宝们的本领学得都很棒，才没被大灰狼抓走，接下来我们又要面对新的挑战——学走'梅花桩'。宝宝们只有掌握更多的本领才能更好地保护自己。"老师示范走"梅花桩"。

规则与要求：巩固练习，增加平衡的难度，小朋友们双臂展开，保持身体平衡，不能把"梅花桩"踩翻。每个幼儿保证平衡走 10 米，速度中缓，2—3

次为宜（根据幼儿的实际情况而定）。

安全与保护：提醒幼儿手眼协调，幼儿在平衡的过程中，站立的脚要稳，双臂展开辅助平衡，防止因晃动而摔倒。

三、结束部分

队列自由形式分散在老师周围，随音乐做肢体放松动作，提醒幼儿心理、身体进入完全放松状态。

最后，一路纵队整理离场。

（九）跳——纵跳触物

保定市新华幼儿园　李素卿　提供

内容：小猴摘香蕉。

目标：●学习原地双脚并拢，用力向上纵跳触物，锻炼幼儿的弹跳能力。

●通过练习，锻炼幼儿全身的协调能力。

强度：☆☆☆☆☆

准备：树上挂“香蕉”若干，数目比幼儿人数稍多。另一端长绳上挂高低不一的气球若干。空果篮若干、草盖、长凳。

过程：

一、准备部分

（一）队列及站姿

“秋天到了，果园里的香蕉熟了，我们排着队到果园里去吧。”教师引导幼儿一个跟着一个在场地周围走，要求保持距离。

（二）相关部位的热身活动

在教师的带领下，做幼儿模仿操“小猴子真淘气”，活动部位：头、肩、髋、膝、踝及全身。

二、基本部分

（一）动作技能

动作要点：双脚并拢，用力摆臂带动身体向上，同时伸手触物。

练习形式：

（1）教师：“大家想去摘香蕉吗？可是香蕉长在比我们高的树上，怎样才能摘到它呢？（跳起来）先跟老师来学一学跳的动作。”教师示范纵跳的动作。

（2）原地纵跳触物。

队列：集体列队—分组单列队进行。

一组接着一组地进行练习，每组 3 次，动作到位，尽量往高跳。

要求：设置纵跳高度以 15 厘米或以上高度为宜（也就是幼儿立正站好单臂上举，指尖到被触物体之间的距离）。

（二）动作巩固

游戏：小猴摘香蕉。

（1）将幼儿带到场地，摘香蕉。分组进行，双脚并拢，用力摆臂带动身体向上，同时伸手触物。

（2）拍气球庆祝。

规则与要求：小朋友以小猴子庆祝的形式反复练习纵跳的技能动作。每个幼儿保证能纵跳 5—10 次，速度中缓（根据幼儿实际能力调整）。

动作要点：屈膝、蹬地、向上纵跳、伸手触物。

安全与保护：在纵跳的时候注意安全，提醒幼儿用力适当，保持身体平衡，能灵活躲闪，不被撞、碰、摔。

三、结束部分

可以任何形式进行肢体放松，教师语言提示幼儿心理、身体至完全放松状态。教师要积极用语言或动作去鼓励幼儿，关注幼儿个体差异。

（十）走——正走和倒走

保定市新华幼儿园　李素卿　提供

内容：我是小司机。

目标：●幼儿听信号练习正走和倒走。

●喜爱参加游戏活动，体验与同伴共同游戏的快乐。

强度：☆☆☆

准备：方向盘（可用圆形硬纸板代替），小汽车挂饰，障碍物，红、黄、绿指示灯（可用硬纸板做）。

过程：

一、准备部分

（一）队列及站姿

教师："今天天气真好，我们的小司机们出来练一练开车的本领吧。先让我们活动活动身体吧。"幼儿由教师带领呈一路纵队走成一个圆圈，立定站好，转身面向圆心，然后体转顺时针正走。

（二）相关部位的热身活动

教师带领幼儿做热身活动，动作要点：头→肩→髋→膝→踝→全身。

二、基本部分

（一）动作技能

动作要点：双脚向后方退行，先脚掌着地逐渐过渡到脚跟，一步一步走。

练习形式：

（1）教师："小司机们不仅能向前开车，还要学会倒车的本领。"教师示范动作。

（2）一组接着一组地进行练习，到两组和多组练习，距离 5 米，每组 2 次，动作缓慢。

（二）动作巩固

游戏：我是小司机。

老师："刚才我们学习了向后退着走的本领。现在老师要考一考小司机们的开车技术怎么样。"

（1）看信号灯指示向前走。

队列：分组—集体。

动作练习：向前走，一步一步走。

提醒幼儿保持前后距离，一个跟着一个走，不挤撞。

（2）小司机倒车比赛。

老师："小司机们向前开车的本领都不错，接下来我们要考倒车，看一看哪一组的小司机倒车本领最强，能把车都倒进自己的车库。"双臂前伸，双手握方向盘，眼看后方，向后退着走，一步一步走，分组进行，向指定方向倒走，巩固倒走的动作。

规则与要求：在开车前行时还要注意身边的障碍物，碰到障碍物时回到起点重新发车。小朋友以倒车比赛的形式反复练习倒走的技术动作。每个幼儿保证“开车”距离15米左右，速度中缓（根据幼儿实际能力调整）。

安全与保护：提醒幼儿后退走的时候不要速度过快，在倒车的时候注意安全，以防摔倒。

三、结束部分

幼儿呈自由队列，分散在教师的周围听音乐，自由玩小司机游戏，使肢体和心理完全放松，排成一路纵队离场。

活动延伸：让幼儿练习一字步走。

第二节　幼儿园中班体能活动参考教案

（一）平衡——平衡木

杨　勇　提供

内容：喜羊羊杂技团。

目标：●发展和提高幼儿身体的平衡能力，同时增强腿部肌肉力量。

●锻炼幼儿大胆、勇敢、坚强的意志品质和积极向上的精神。

强度：☆☆☆

准备：平衡木4条、大椅子8把、体操垫4块、小方垫若干个、浴盆1只、纸杯若干。

过程：

一、准备部分

（一）引起动机

教师以“羊村长”的身份出现，小朋友以“喜羊羊”的身份出现。唱民谣《木头人》做热身准备：“山连山，水连水，我们都是木头人，不许说话不许动。”（边唱边做动作。）

核心：队形自由放松，动作自由舒展，进入状态自然。

（二）队列队形

分四路纵队（黄队、绿队、粉队、紫队），每名队员的手臂都贴有即时贴。常规口令（稍息、立正、看齐等），原地间转法。

核心：倾听、准确、迅速。

二、基本部分

游戏 1. 喜羊羊飞奔独木桥（高度 25 厘米）。

在四路纵队的正前面分别放置长 4 米、宽 20 厘米、高 25 厘米的平衡木作为独木桥，要求每个队的所有喜羊羊快速、有序通过独木桥后回到原位。

核心：自行掌握速度，量力安全通过。

要求：自然平稳，不允许掉下来，全部通过。

游戏 2. 喜羊羊高架桥行走（高度 25—50 厘米）。

（1）将平衡木的一端用大椅子升高至 50 厘米，要求所有喜羊羊以队为单位从低处走向高处，然后从最高处调整身体重心跳到地面垫子上，最后回到原位，一个接一个依次进行。

（2）头顶方垫同上形式完成动作。

核心：上体微前倾，身体晃动时慢慢下蹲调整，跳下落地时须屈膝缓冲。

游戏 3. 喜羊羊戏水（高度 25—80 厘米）。

（1）将平衡木的一端用大椅子升高至 80 厘米，要求所有喜羊羊以队为单位从低处走向高处，然后从最高处调整身体重心跳到地面垫子上，最后到井边（浴盆）打半杯水后回到原位，一个一个依次进行。

(2) 将垫子撤掉，喜羊羊手捧水杯在平衡木上自行上下行走。

核心：转身、下行时重心稍后。

三、结束部分

放松活动：和垫子一起疯狂。

备注：注意个体差异教育及难易程度，教师可根据实际情况随机调整。

（二）跳——助跑跨跳

保定市新华幼儿园　刘秋月　提供

内容：我和纸棒做游戏。

目标：●发展幼儿腿部肌肉力量，学习助跑跨跳过宽 60 厘米左右的平行线。

●探索纸棒的不同玩法，增强对体育活动的兴趣以及勇于克服困难的信心。

强度：☆☆☆☆

准备：场地 5 米×15 米、口哨、幼儿人手 1 根纸棒、桃子卡片、拱形门、雪碧瓶若干。

过程：

一、准备部分

（一）队列及站姿

围圈站好，教师与幼儿一起持纸棒站于圈上。

（二）相关部位的活动准备

要求：幼儿右手持纸棒，集体练习纸棒操 2 次。

教师："让我们一起来做操吧！举一举呀，走一走；举一举呀，走一走；蹲一蹲呀，放一放；荡秋千，荡呀荡呀；摇小船，摇一摇呀，真快乐；天天做操身体好。"

二、基本部分：探索玩纸棒的不同方法

（1）自由玩纸棒，初次探索不同玩法，满足玩的欲望。

队列：在圈内自由尝试。

要求：注意安全，纸棒不能划到其他小朋友。

（2）请有创意玩法的幼儿在幼儿之间介绍并演示玩法，请其他幼儿学一学。

（3）5 人一组分组合作玩纸棒，进一步探索纸棒各种玩法。

队列：分组。

（4）每组出代表说说合作玩纸棒的方法并进行示范。

（5）师幼互动推出助跑跨跳的动作。

动作要点：单腿起跳，腾空跨越，单腿屈膝缓冲落地，起跳腿跟进。

（6）分组将纸棒搭成 60 厘米宽的“小河”，进行集体练习。

队列：集体列队→分组单列队。

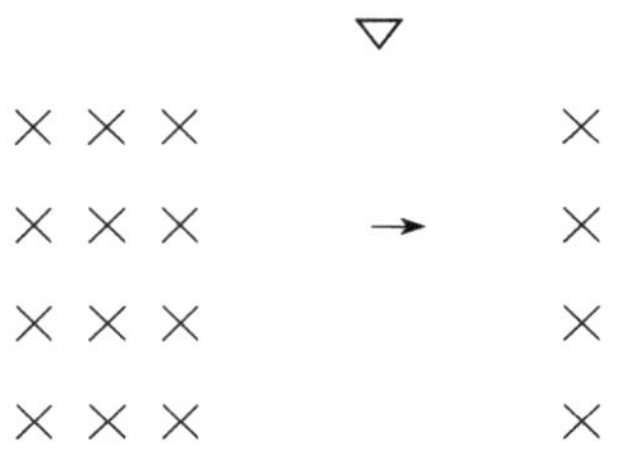

动作练习：助跑跨跳“小河”。

动作要点：助跑后，单腿起跳，腾空跨越“小河”后屈膝落地，另一条腿跟进跨过小河。

规则：幼儿一个跟着一个进行练习，4 组同时开始。先练习左脚起跳，每人平均 2 次；再进行右脚起跳练习，每人平均 2 次。

要求：距纸棒 3—5 米处助跑，每组慢、中速各 1 次，动作到位。起跳后带动身体向斜上方用力。

保护：幼儿根据能力选择适合自己的“小河”，防止由于“小河”过宽幼儿踩到纸棒摔倒。

综合游戏：摘桃子比赛。

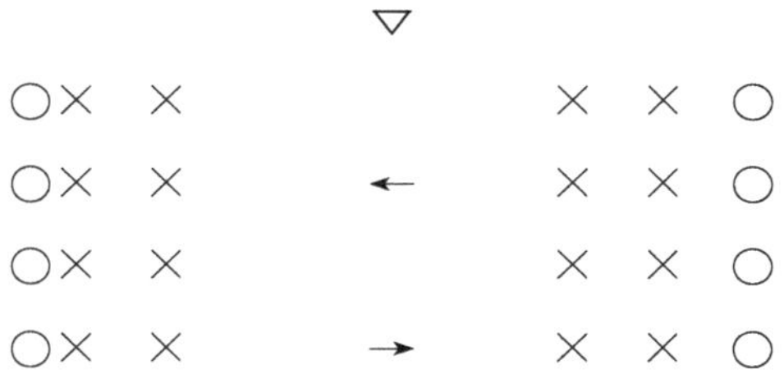

教师："山那边有很多的桃子，你们想不想摘？但去的路上我们要走过'钢索'，跨过两条不同宽度的'小河'，钻过'山洞'，绕过'大树桩'，摘到桃子后再跑回起点。"

动作练习：助跑跨跳的练习、钻及S线跑的练习。

规则：游戏进行两次，优胜者有礼物。

要求：每个障碍都要进行，动作到位。

保护：注意在奔跑中不能踢翻障碍，以防摔倒。

三、结束部分（肢体放松）

队列：两路纵队。

（1）手持纸棒在音乐声中做摇头、拍肩、挥手、拍腿等放松运动。

（2）整队离场。

活动延伸：助跑跳（沙坑）、立定跳。

（三）跑——躲闪跑

保定市新华幼儿园　钟　颖　提供

内容：小狗看瓜。

目标：●练习在一定场地内追逐跑。

●增强幼儿心肺功能。

强度：☆☆☆☆☆

准备：宽敞平坦的场地、白色皱纹纸、太阳头饰。

过程：

一、准备部分

队列及站姿：幼儿站成人数相等的两队。

热身活动：幼儿扮演小狗，教师扮演妈妈，慢跑热身。边跑边念儿歌："跑跑跑，跑跑跑，不超人来不掉队，一个跟着一个跑，跑到河边去洗澡!"幼儿一起模仿洗澡的动作。第二遍儿歌第四句可改为"跑到树林看小鸟"，幼儿模仿小鸟飞的动作。第三遍儿歌第四句可改为"跑到操场去练操"，幼儿模仿做操的动作。提醒幼儿跑步的节奏最好与儿歌一致，模仿动作要做开。

安全与保护：提醒幼儿不推不挤，防止跌倒踩踏。

二、基本部分

（一）动作技能

动作要点：上体前倾，半握拳，屈肘，前后摆臂自然，两腿前后交替向前。

（二）动作练习与巩固

游戏1：小狗看瓜。

队列及场地布置：

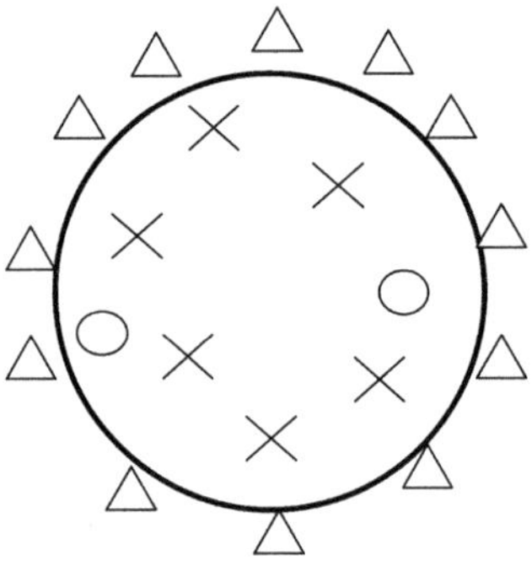

人数比例：△∶○∶╳＝6∶1∶3。

上图"△"代表狐狸，"○"代表西瓜，"╳"代表小狗。

规则和要求：在空地上画一个圆圈代表瓜园，按人数比例分出小狗、西瓜和狐狸。游戏开始，狐狸围绕瓜园跑动，既要找机会冲进瓜园拍到西瓜，又不能被小狗拍到。如果狐狸遇到危险，可马上蹲下，等待其他狐狸拍手救援。哪只狐狸冲进瓜园拍得西瓜即为胜利，可与小狗互换角色，重新游戏。要求跑动双方必须拍到目标才算成功。练习追逐跑、躲闪力及反应的灵活性。

安全与保护：扮演狐狸的幼儿要沿同一方向跑动，避免冲撞。在跑动、躲闪的过程中要注意扮演西瓜的幼儿的安全。

游戏 2：太阳和雪花。

队列及场地：

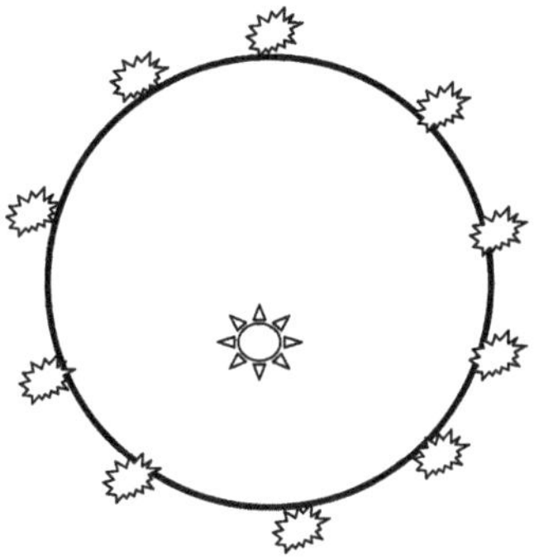

上图代表太阳，代表雪花。

规则和要求：一名幼儿扮演太阳，其他幼儿持白色皱纹纸条扮演雪花。游戏开始，扮演雪花的幼儿拉起手逆时针方向走，太阳原地拍手，同时念儿歌："小雪花，飘下来，地上地上一片白，不怕大风呼呼吹，就—怕—太阳晒!"儿歌念完，太阳立刻去追赶雪花，雪花在规定场地内四散跑，躲避太阳的追逐，等太阳捉到三四片雪花时，游戏结束。雪花不要跑出规则场地，游戏可反复进行。

游戏 3：请你帮我。

队列及场地：

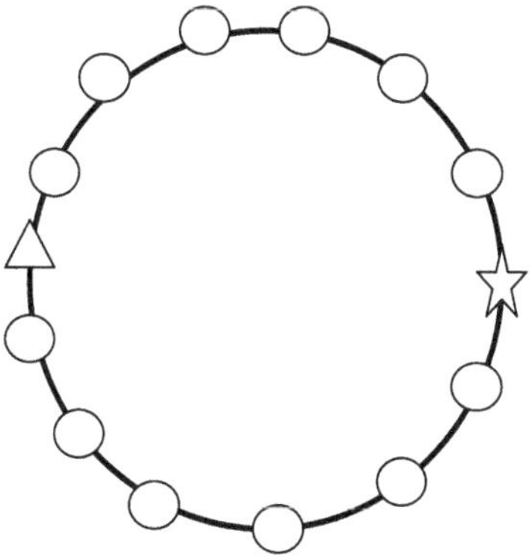

上图“○”代表小朋友，“△”代表逃者，“☆”代表追者。

规则和要求：选一人为逃者、一人为追者，其他幼儿站成圆圈，逃者和追者面对面站在圆圈两侧。游戏开始，二人在圈的里外穿插进行，遇到危险或跑累了，可任选一人拍其背部并说：“请你帮我！”被拍到的幼儿代替逃者，追者继续追代替的逃者，若逃者被追上拍中则互换角色，重新游戏。注意代替者要收到逃者或追者拍打的信息才能动身跑动。

三、结束部分

幼儿呈两路纵队，面对面间隔 2 米。

动作要点：拍打放松腿部肌肉，仰卧双脚腾空交替蹬腿练习，调整呼吸，放松腿部肌肉。

（四）跳——双脚在直线两侧行进跳

保定市新华幼儿园　钟　颖　提供

内容：小兔拔萝卜。

目标：●练习双脚在直线两侧行进跳。

●增强幼儿腿部肌肉力量及动作的灵活性。

强度：☆☆☆☆

准备：皮球 1 个、呼啦圈 20 个、小兔头饰若干、音乐《卡门》。

过程：

一、准备部分

队列与站姿：幼儿由教师带领呈一路纵队走成一个圆圈，立定站好，转身面向圆心。

热身活动：情境准备，引起动机。幼儿带上小兔头饰，教师交代任务：“今天妈妈带你们出去玩。”幼儿随音乐《卡门》和同伴一起做拉大锯、摇小船、捡蘑菇等动作，活动肢体，为下面的活动做准备。

二、基本部分

（一）动作技能

动作要点：身体半蹲，双脚用力弹起，整个身体向上腾空。

（二）动作练习及巩固

游戏 1：小皮球。

队列：幼儿站成四路纵队。

规则和要求：兔妈妈拍球，幼儿根据球的快慢调整自己跳跃的速度与高度，随着球的起落进行原地纵跳练习，每组 30 秒，间隔 30 秒再进行，以进行 4—5 组为宜。

注意：幼儿纵跳的频率尽量与拍球的频率相同。

游戏 2：小兔拔萝卜。

队列及场地布置：幼儿站成人数相等的两队，以呼啦圈的提示路线行进跳跃。

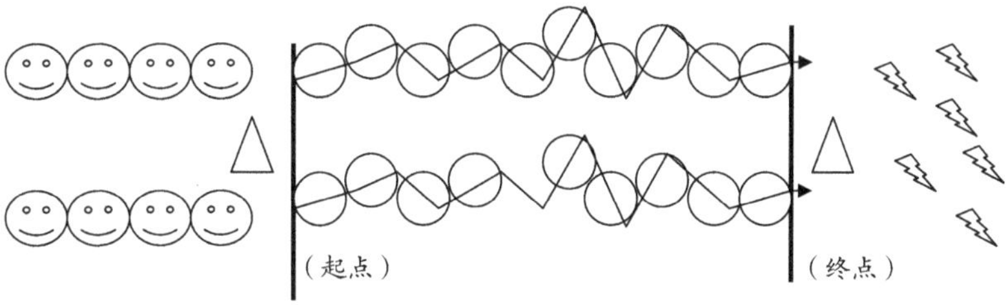

上图“☺”代表 2 队相等人数的小朋友，“○”代表呼啦圈，“△”代表教师，“⚡”代表萝卜。

规则和要求：幼儿按呼啦圈的提示路线双脚连续行进跳，前脚掌落地，从起点跳至对面的萝卜地里，拔一个萝卜跑回队尾，第二名幼儿开始跳。要求每人每次只能拿一个萝卜，尽量保证行进跳的连续性。

游戏 3：萝卜回来了

队列及场地布置：

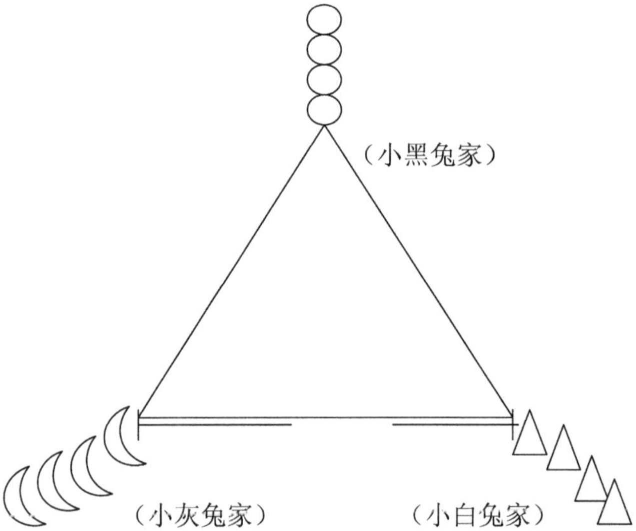

上图“☾”代表小灰兔，“○”代表小黑兔，“△”代表小白兔（家与家之间的距离为10米）。

规则和要求：练习双脚在直线两侧行进跳。游戏时，萝卜数量是幼儿人数的三分之一。以小灰兔先跳为例：第一名小灰兔拿起一个自己家的萝卜沿直线两侧行进跳至小白兔家，然后返回自己的队尾；小白兔家的第一名小兔按要求持萝卜跳到小黑兔家，依次类推，游戏结束时，萝卜又回到了小灰兔家。要求幼儿必须沿直线两侧行进跳，不能走步。

三、结束部分

幼儿呈自由队列，分散在教师周围，听音乐《卡门》，双手有节奏地拍打下肢肌肉，或做腿部放松抖动练习。

（五）投——单手肩上投掷

保定市新华幼儿园　钟　颖　提供

内容：炸坦克。

目标：●练习单手肩上投掷。

●培养幼儿机智勇敢、遵守纪律的品质。

强度：☆☆☆

准备：五色沙包若干个，各占幼儿人数的五分之一；大纸筒 4—6 个；小椅子若干把。

过程：

一、准备部分

队列：幼儿站成四路纵队。

热身活动：活动四肢及全身。教师："我们一起来扮演解放军，跟解放军叔叔学本领。"打枪——上肢运动；拼刺刀——下蹲运动；开炮——体转运动；骑马——全身运动。边做动作边发出象声词，四个八拍为一组，每个动作做 1—2 组，保证每个幼儿活动开。

二、基本部分

（一）动作技能

动作要点：左右脚前后开立，身体微后仰，手握物体，手臂伸直，自下、后画圆，用力将物体向前上方扔出。

练习形式：每名幼儿 1 个沙包，幼儿自由练习。教师："我们要练习扔手榴弹的本领，学会以后就可以去炸敌人的坦克了！"

（二）动作练习与巩固

游戏 1：小投手。

队列及场地：

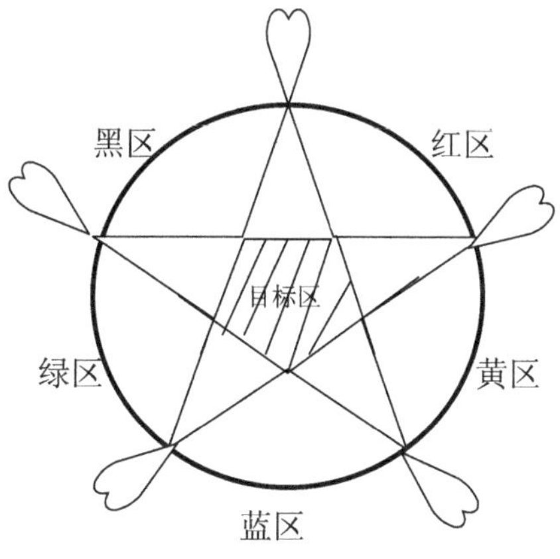

规则与要求：幼儿平均分成五组，每组选择不同的投掷场地及不同颜色的

沙包，练习单手肩上投掷的准确性，即要投中中间的目标区。教师巡回指导，纠正个别幼儿动作。小组赛时，各队站在本区弧线上，听到司令（教师）的口令集体向目标区域内投沙包，目标区内哪种颜色沙包最多，哪组获胜。游戏可反复进行。个人比赛时，各队选出优秀的小投手参加比赛，把本组沙包投掷完，以目标区内沙包数量最多者为胜。要求幼儿投掷时不能越过弧线。

安全与保护：提醒幼儿不要将沙包打到其他人身上，特别是脸上。

游戏 2：炸军火库。

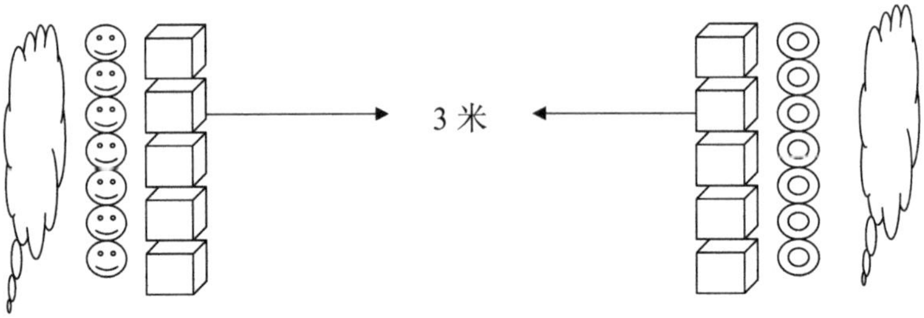

上图“□”代表小椅子，“☺”代表红队幼儿，“◎”代表蓝队幼儿，“☁”代表军火库。

规则与要求：幼儿分成红、蓝两组，隐蔽在自己的壕沟处，用沙包炸对方的军火库，练习单手肩上投掷的距离，即要用力投掷让沙包越过封锁带，投到敌人的军火库里。两队交换场地，游戏可反复进行。注意投掷时不能越过小椅子摆成的壕沟。

游戏 3：炸坦克。

队列及场地布置：

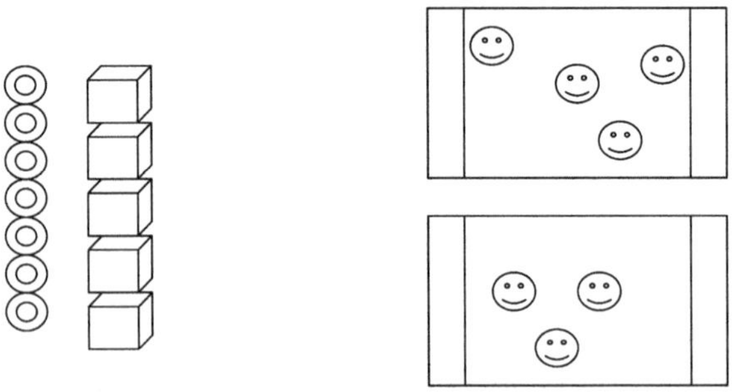

上图“□□□□□”代表壕沟，“☺”代表坦克兵，“□”代表纸箱，“◎”代表防御兵。

规则与要求：教师组织“军事演习”，红队做坦克兵进攻，蓝队做防御兵来炸坦克，看看是坦克先攻占阵地还是手榴弹先将坦克炸毁。重点练习单手肩上投掷的距离和准确性。幼儿各自进入角色，红队 3—4 人一组钻进纸筒做坦克兵，向蓝队阵地滚动前进，蓝队躲进战壕（小椅子后）为投弹手，向坦克投掷。游戏可交换角色进行。

安全与保护：要求投弹手只能进攻坦克外壳，不能投向里面的坦克兵。注意提醒坦克兵行进过程中要协调一致，不拥挤。

三、结束部分

队列：幼儿围成一个大圆，“一、二、一、二”报数。

动作要点：放松手臂及肩部肌肉。

实战演习结束，小朋友们送来了大红花，我们学学小花的动作。报数为“一”的小朋友先做小蜜蜂，在小花（报数为“二”的小朋友）肩上采花蜜（放松肩部肌肉），让幼儿肩部得到充分放松。四个八拍后交换角色。然后整队集合，边散步放松边点评今天的活动。

（六）走——深蹲自然走

保定市新华幼儿园　钟　颖　提供

内容：快乐的小鸭子。

目标：●培养幼儿对体育活动的兴趣。

●增强幼儿腿部肌肉力量和肌肉耐力，锻炼幼儿上下肢身体协调性。

强度：☆☆☆

准备：口哨、秒表、小型玩具若干。

过程：

一、准备部分

队列与站姿：幼儿站成四路纵队。

热身活动：在教师的带领下模仿小鸭子，进行相关部位的活动准备，顺序如下：头→肩→髋→膝→踝→全身。每个部位做两个八拍。

二、基本部分

（一）动作技能

动作要点：两脚分开比肩略宽，深蹲摆臂前行，动作自然夸张。

练习形式：和老师在场地内自由地游戏，一起学习“鸭子步”，注意动作由易到难：小鸭子自然走→半蹲行走→深蹲行走。

（二）动作巩固

游戏 1：小鸭子速递员。

队列及场地：

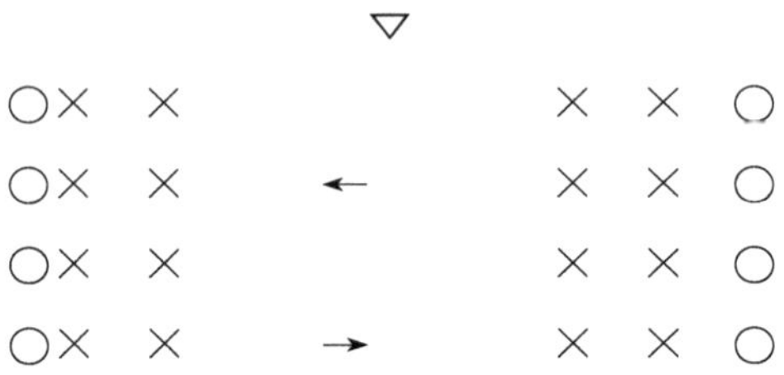

规则与要求：每名幼儿把自己当成小鸭子，听教师口令做出行动。（第一、二路的小鸭子把玩具送到小狗家，第三、四路送到小花猫家。）练习深蹲鸭子步法行走，距离 5—10 米。

游戏 2：小鸭子赛跑。

队列及场地：幼儿站成四路纵队。

规则与要求：以小鸭子赛跑游戏为动力分组，分密度练习深蹲前行。每名幼儿听教师口令迅速到指定的小动物家，要求深蹲，上体前倾，上下肢动作协调。

安全与保护：提醒幼儿在行进间要相互灵活躲闪，及时观察周围幼儿身体活动情况，有效地保护自己，以免发生碰撞。

游戏 3：蜈蚣走。

规则与要求：以纵队为单位成一组“蜈蚣状”，继续练习鸭子步走，增加情趣和难度。

三、结束部分

肢体放松（任意），整队离场，提醒幼儿心理、身体处于完全放松状态。

（七）跑——折返跑

保定市新华幼儿园　唐　昊　提供

内容： 运动涂鸦。

目标： ●发展幼儿速度素质及奔跑能力。

●提高幼儿心肺功能及反应速度。

强度： ☆☆☆☆☆

准备： 涂鸦颜料黄、蓝各 1 盘，黄色、蓝色圆形贴纸（与幼儿人数相等），白纸 4 张，海绵 4 块，标志物 5 组，口哨，秒表。

过程：

一、准备部分（引起动机阶段）

（一）队列及站姿

× × × × ×

× × × × ×

× × × × ×

× × × × ×

▲

常规：检查着装，询问幼儿身体状况，师生问好，呈四路纵队站好，常规练习。

口令：立—正、稍息、向右看—齐、向前—看等。

（二）相关部位的热身活动

动作要点：头→肩→髋→膝→踝→全身。

播放节奏欢快的音乐，教师和幼儿一起模仿“高人走”“矮人走”“老人走”“解放军走”等不同的走路姿势，活动身体关节。

（三）报数练习

队列：用首尾相接的形式将四路纵队变成一路纵队，将幼儿带到宽阔的场地，立定后站成圆圈。

活动练习：由顺时针方向依次报数。要求：身体正直，挺胸抬头，报数时由右向左 1—3 报数，头同时由右摆向左面，声音短促洪亮。

二、基本部分

游戏 1. 运动健将。

玩法：将 1 个毛绒玩具放到圆圈中心，教师说出 1—3 中的一个数字时，刚刚所有报该数的幼儿要迅速起跑奔向玩具，拍一下玩具后迅速跑回原处，动作最快的幼儿获得“运动健将”的称号。

动作要点：奔跑时注意双手前后自然摆臂；到达折返点时，降低重心，同侧腿屈膝，且用相同方向手掌触摸标志物。

安全保护：提醒幼儿跑到圆圈中心时轻轻拍打玩具，防止抓伤其他幼儿。跑回时注意避让。

游戏 2. 运动涂鸦。

玩法：将幼儿平均分成两队进行游戏，场地 1 为蓝队、场地 2 为红队。各队队员佩戴本队标志，当两队幼儿听到教师口令后同时开始游戏。游戏从起点出发，按照数字顺序依次拍击物体后到达终点，在终点用手掌在颜料盘中蘸好颜料，印在本队的图画纸上。

游戏结束后各队向其他组展示本队的涂鸦作品。

示意图：

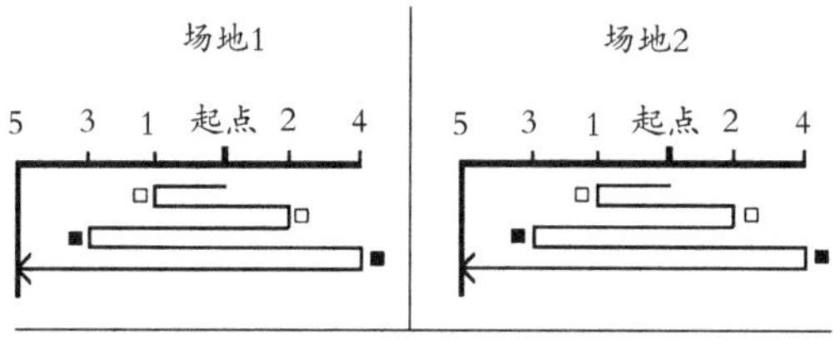

安全保护：提醒幼儿双手拍击坐标时不宜太过用力。折返跑过程中注意手眼协调，避免发生碰撞。

备注：教师要积极用语言或动作去鼓励幼儿并关注幼儿个体差异。

三、结束部分（肢体放松）

队列：自由队列。

放松动作：

（1）双手握拳和同伴相互敲击小腿、大腿。

（2）用手掌分别拍打腹部、腰部。

（3）肌肉放松后散步，整队离场。

（八）跑——快速跑

保定市新华幼儿园　任建杰　提供

名称：小羊回家。

目标：●发展幼儿快速跑及躲闪跑的能力。

●培养幼儿勇敢、坚强的意志。

强度：☆☆☆☆☆

准备：头饰若干。

过程：

一、准备部分

（一）队列练习

幼儿呈四路纵队并进行队列及口令练习（稍息、立正、半臂向前看齐等）。

（二）热身活动

点头、肩绕环、体转、腹背、蹲起跳。

二、基本部分

（一）动作练习

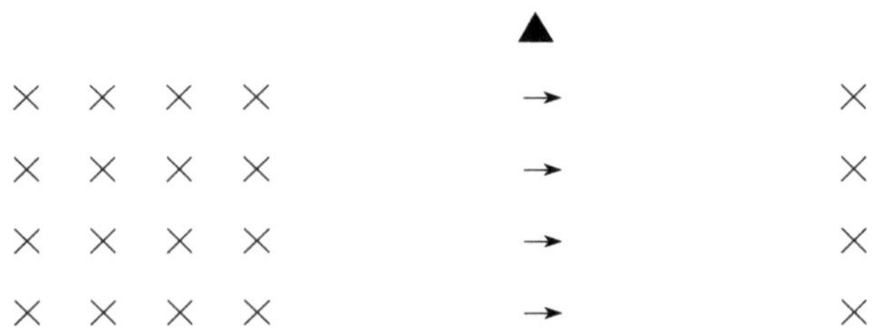

动作要点：上体稍前倾，目视前方，两手轻握拳，两臂屈肘于腰侧，前后自然摆动，上下肢协调。

规则：一组接着一组进行练习，距离为 15 米，奔跑的速度为中上。

安全保护：跑前需检查幼儿鞋带是否系好，裤子不宜过长，地面平整，无石子等杂物。

（二）小羊吃草

教师引出情景，“小羊”们在草场吃草，这时“狼”从树后冲出，“小羊”们迅速回家。

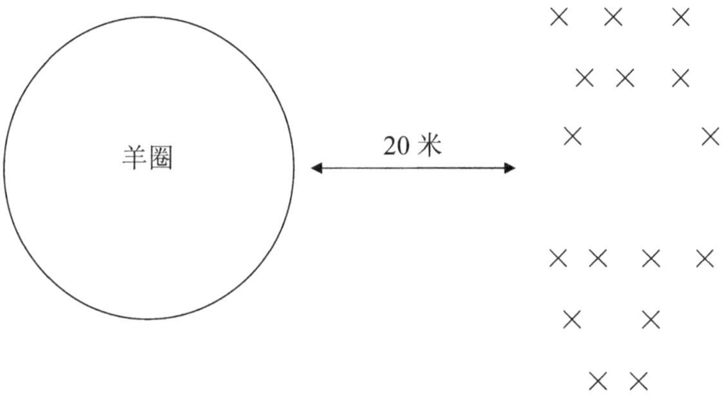

动作要求：身体稍向前倾，四肢协调地跑。

规则：教师指定一片区域为“草场”，教师扮演“狼”，幼儿扮演“小羊”，教师可藏于树后，幼儿可在教师指定区域内活动。当教师从树后跑出来抓幼儿时，幼儿需迅速向后方即“羊圈”跑去。被捉住的幼儿，可以与教师一起扮演“狼”来抓其他幼儿。

注意事项：教师可由慢到快地进行，以免幼儿因为不适应游戏而发生碰撞或摔伤。教师需要提醒幼儿注意身边的幼儿，以免推挤情况的发生。

（三）小羊回家

“小羊”吃完草从草场回家，中途要经过危险的“狼峡谷”，“小羊”们需要勇敢地闯过才能到家。

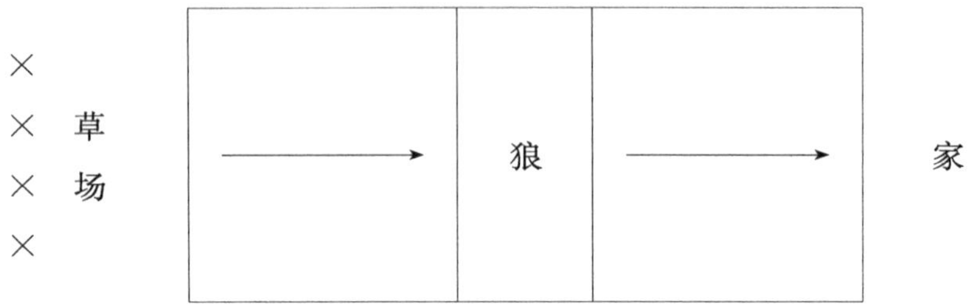

（场地长 20 米、宽 5 米，狼区域宽 2 米）

动作要点：动作协调并且快速通过“狼峡谷”，时间不超过 6 秒。

规则：幼儿扮演“小羊”；教师扮演“狼”，只能站在中间区域。

要求：小羊需要从草场出发，快速向前跑，经过狼峡谷时要注意躲闪峡谷中的大灰狼，通过峡谷后迅速跑回家。开始时可 2 人一组进行，慢慢可变为 4 人一组。游戏开始时教师可动作慢一些，几轮过后幼儿都熟悉此游戏时，行动可加快，从而锻炼幼儿躲闪跑与快速跑的技能。

三、结束部分

幼儿可随意站，原地踏步，平缓呼吸节奏。双手上下慢慢运动并进行深呼吸。双手拍腿放松腿部肌肉，与老师击掌再见后排队离场。

备注：

（1）游戏开始时可请单个幼儿进行示范或教师进行示范，让幼儿明白这个游戏需要速度，需要躲闪。

（2）游戏开始初期，教师可以告诉幼儿：只有勇敢地冲过去才能安全到家，来激发他们的兴趣与跑的速度。

（3）教师所扮演的“狼”只捉跑得慢的小羊，从而让幼儿跑的速度与躲闪的速度越来越快。

活动延伸：折线跑、障碍跑。

（九）跑——追逐跑

保定市新华幼儿园　吴文艳　提供

内容：龙头咬龙尾。

目标：●练习在一定的范围内追逐跑，增强有氧运动的能力。

●锻炼幼儿身体的灵活性，体验集体游戏的快乐。

强度：☆☆☆☆☆

准备：在宽敞平坦的场地上，相距约 15 米画 2 条线为起点和终点，画直径约 8 米的圆圈，圈上标有方向指示箭头，口哨一支。

过程：

一、准备部分

（一）队列与站姿

幼儿呈四路纵队，面向教师站好。

× × × × × × × ×
× × × × × × × ×　　　▲
× × × × × × × ×
× × × × × × × ×

（二）相关部位热身活动

动作要点：下蹲、直立、提踵、跳起。

要求：通过游戏“长高了，变矮了”活动幼儿肢体，重点活动膝关节、踝关节。

（三）动作练习：变换跑

动作要点：腿蹬地要有力，双臂自然摆动，两腿的蹬地动作与双臂的摆配合协调。

规则：幼儿呈一路纵队围绕场地慢跑，教师随时变换口令“向前跑”“向后跑”“后踢跑”等，幼儿根据指令变换相应的动作。

要求：听清教师口令再跑，跑的过程中不大声讲话。

安全保护：跑前提醒幼儿整理好自己的衣裤，检查幼儿的鞋子是否穿好，鞋带是否系紧。跑的过程中注意不推挤。

二、基本部分

（一）你追我跑

队列：二人一组。

动作要点：转身追逐跑，转体灵活，手脚配合协调。

规则：一名幼儿在前面跑，后面的幼儿追逐，追上前面幼儿拍一下肩，被拍到者立即转身变成追逐者。

要求：幼儿相距约 2 米，预备姿势站好，听到教师的哨声才能开始跑，跑过场地上的终点线未被拍到的幼儿获胜。

安全保护：后面追逐的幼儿只能用手轻拍前面的幼儿，不要用力推，以防止摔倒。

（二）快快追上

队列：自由队形。

动作要点：幼儿听到哨声后立即快跑，跑的过程中要躲避教师的追捕。

规则：幼儿在起点处面向终点线站好，教师站在距幼儿后面约 3 米的地方。幼儿向终点线跑，教师在后面追逐，跑过终点线未被追上的幼儿获胜。

要求：教师吹响口哨后幼儿才可以跑，被教师追上的幼儿停止游戏，成功跑到线上的幼儿继续下一回合的游戏。

（三）龙头咬龙尾

队列：一路纵队站在圈上，面向箭头指示方向。

动作要点：要沿着画好的线跑，身体稍微倾斜，保持弯道上身体的平衡。

规则：排头幼儿做龙头。龙头带领幼儿沿着箭头指示方向顺着圆圈跑，追逐排在队伍最后的幼儿，追上后用手轻拍其后背，被拍到的龙尾即退出，到圈中等候，倒数第二名幼儿变成龙尾。

要求：跑动时要一个跟一个地跑，幼儿间保持约一臂距离，跑的过程中不能离开圈，不能随意超越前面的幼儿。

安全保护：跑的过程中脚下落地要稳，知道互相避让。

三、结束部分

队列：自由队列，分散在教师的周围。

动作要点：随意散步，调整呼吸，放松全身肌肉。

放松动作：

（1）轻轻捶打大腿、小腿，上下抚摸手臂。

（2）学懒人走，太空行走。

（3）自由散步回活动室。

活动延伸：四散跑、速跑。

（十）爬——手膝着地爬

保定市新华幼儿园　吴文艳　提供

内容：小猫晒鱼。

目标：●练习手膝着地向前爬行。

●锻炼幼儿四肢的灵活性和身体的协调性。

强度：☆☆☆☆

准备：垫子、小鱼图片、小筐，横拉的长绳 1 条。

过程：

一、准备部分

（一）队列站姿

幼儿呈四路纵队，一臂间距面向教师站好。

（二）热身活动

老师扮演猫妈妈，小朋友扮演小猫，请小猫跟妈妈一起听口令活动身体各关节："摇摇头，跳一跳；耸耸肩，跳一跳；弯弯腰，跳一跳；扭三下，跳一跳；转一圈，跳一跳。"

（三）动作练习

动作要点：双手、双膝、双脚同时着地趴在垫子上，双手向前爬行，同时双膝和双腿配合前行。

规则：幼儿听到教师的口哨声后从垫子上手膝着地爬到对面，后面的幼儿依次爬过。

要求：幼儿分成 4 组进行爬行，爬到对面后站成原来的队形。

安全保护：幼儿爬行的过程中教师要及时发现手臂力量弱的幼儿，进行个别指导和重点保护。

二、基本部分

（一）小猫捉鱼

队列及场地图：

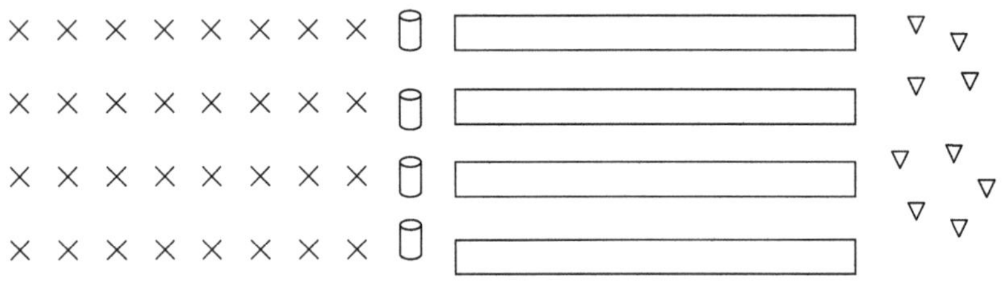

上图“×”代表幼儿，“▯”代表小桶，“▭”代表垫子，“▽”代表小鱼。

动作要点：每对幼儿依次从垫子上爬过，从池塘中捉一条小鱼，再从垫子左侧跑回本组。

规则：每名幼儿只能取 1 条小鱼，后面的幼儿听到教师哨声才可以爬行，回来后要站成原来的队形。

要求：幼儿把捉到的鱼放在本队的小桶中，听到教师发出的结束命令时，捉鱼多的队获胜。

安全保护：幼儿爬行的过程中教师要及时发现手臂力量弱的幼儿，进行个别指导和重点保护。

（二）小猫晒鱼

队列及场地：

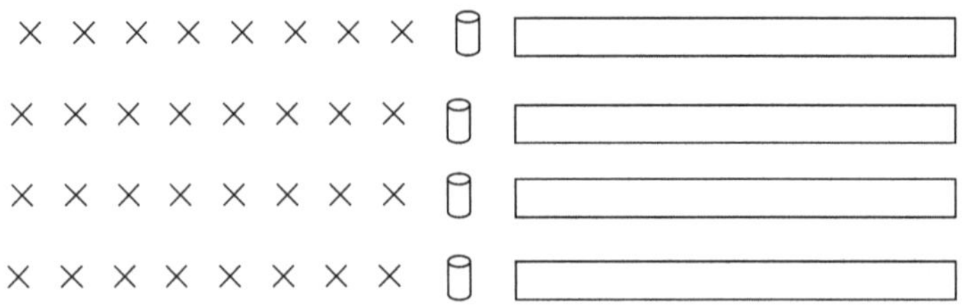

动作要点：幼儿从本队小桶中取 1 条鱼，从垫子上爬到绳子下面，将手中的小鱼挂在曲别针上。

规则：幼儿完成晒鱼任务后，从垫子左侧跑回本队，拍第二个幼儿的手，游戏继续进行。哪一队先晒完鱼为胜。

要求：每只猫每次只能晒 1 条鱼。游戏过程中，教师随时观察幼儿情况，对幼儿表现做出评价。

三、结束部分

队列与站姿：幼儿围成圆圈，面向圆心坐好。

放松动作：

（1）教师对幼儿表现给予表扬与肯定。

（2）轻轻捶打大腿、小腿，互相拍打后背。

（3）猫宝宝把晒好的鱼干拿回家，收拾场地器材，自由散步回活动室。

活动延伸：四肢着地爬，匍匐前进。

（十一）走——变换走

保定市新华幼儿园　吴文艳　提供

内容：小猫集训队。

目标：●练习变换速度、变换步幅、变换方向走，走跑交替等。

●提高动作的协调能力及快速反应能力。

强度：☆☆☆☆

准备：猫咪头饰、老鼠头饰若干，拉线老鼠。

过程：

一、准备部分

（一）队列与站姿

幼儿呈四路纵队，面向教师站好。

× × × × × × × ×

× × × × × × × ×　　　▲

× × × × × × × ×

× × × × × × × ×

（二）热身活动

由上到下活动身体关节，动作顺序：点头→绕肩→转膝→转脚腕→蹲起跳。

（三）动作练习

动作要点：在正确行走的基础上，听口令变换行走速度，快慢交替行走。

规则：幼儿扮演小猫，教师扮演猫妈妈，小猫跟在猫妈妈后面，练习捉老鼠的本领。教师边走边创设出变速走的意境。例如教师说“老鼠正在偷东西”，幼儿就轻轻地小步快走；教师说“老鼠想逃跑”，幼儿就快走追老鼠；教师说“老鼠就在眼前，快捉”，幼儿就大步走并作捕捉动作等。

要求：教师要用自己的肢体或声音创设出小猫捉老鼠的情境来；幼儿要一边走一边倾听教师的指令，改变自己走的速度。

安全保护：变换动作时要注意周围的同伴，不碰撞推挤。

二、基本部分

（一）跟踪老鼠

队列：幼儿分成 2 组，自由站在主、配班教师身后。

动作要点：边行走边做踩的动作。

规则：教师提拉线老鼠在前面走，幼儿跟在后面边走边踩老鼠。老鼠走得慢小猫追得慢，老鼠走得快小猫追得快；老鼠向什么方向走，小猫就朝什么方向追。

要求：教师根据幼儿具体情况及时调整自己的速度，变换走。

安全保护：踩老鼠时注意互相避让，不推别人，注意不要踩掉同伴的鞋子。

（二）猫捉老鼠

队列与场地：

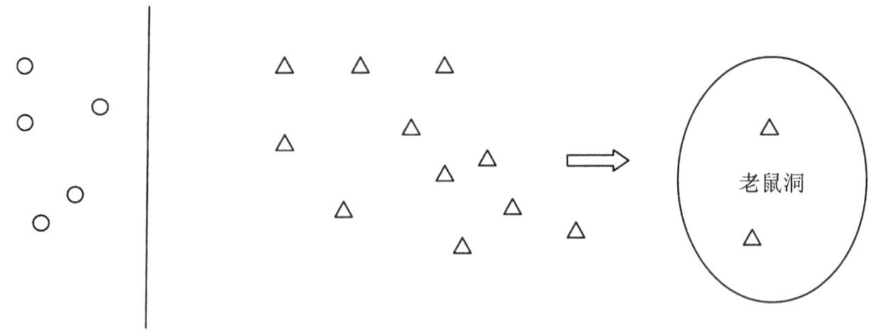

上图“○”代表小猫，“△”代表老鼠。

动作要点：在追逐过程中灵活进行走跑交替。

规则：幼儿戴上头饰分别扮演小猫和老鼠。老鼠在前面走，小猫在后面跟踪，时而快走，时而慢走；时而向左，时而向右，小猫要找时机进行捕捉。

要求：小猫和老鼠保持一定的距离，老鼠出发约 5 米后，小猫才能出发。顺利逃回洞中不被捉到的获胜。

安全保护：

（1）跑的过程中不要推挤，注意与周围伙伴的距离。

（2）转方向或加速时要调节自己的速度，保持平衡不摔倒。

（3）在捕捉老鼠的过程中，不要用力拉拽同伴。

三、结束部分

队形：幼儿自由分散站立在教师周围。

放松动作：

（1）轻轻地拍肩、拍腿，放松身体。

（2）慢走回活动室。

活动延伸：顺序走，大步走。

（十二）跳——原地纵跳触物

保定市新华幼儿园　吴文艳　提供

内容：摘星星。

目标：●练习原地向上纵跳，触及高于指尖 20 厘米左右的悬挂物。

●锻炼幼儿的弹跳能力，增强身体的灵活性、协调性。

强度：☆☆☆☆

准备：竹竿 1 根，纱巾 1 条；利用场地上的自然物（如树木）悬挂 1.6 米等高度的长绳，绳子上粘有小星星。

过程：

一、准备部分

（一）队列与站姿

幼儿呈四路纵队，面向教师站好。

（二）热身活动

幼儿模仿教师做转头、绕肩、蹲起等动作活动身体关节。

（三）动作练习

队形与场地：

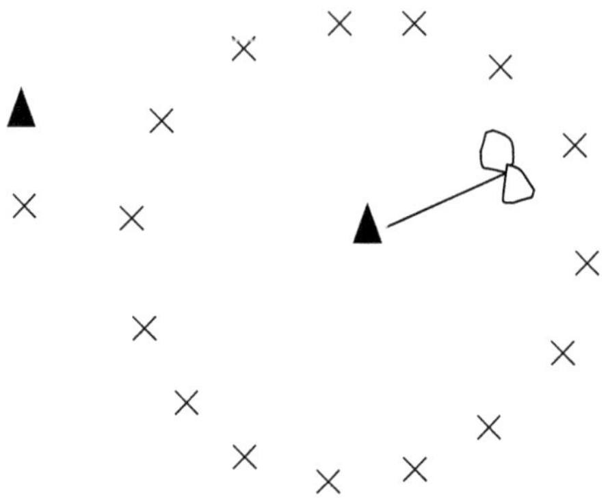

动作要点：起跳时双腿微屈，双脚同时向上跳起，双手向上伸展。

规则：幼儿站在圈上，教师手持系有纱巾的竹竿，使纱巾像蝴蝶一样在幼儿头上飞舞，飞到头顶时幼儿向上跳起，用指尖触摸纱巾。

要求：教师根据幼儿身高将纱巾在高于幼儿指尖约 15 厘米的位置舞动，嘴里不停地发出“蝴蝶飞来了”的口令，吸引幼儿游戏；幼儿必须站在线上捉蝴蝶。

安全保护：教师注意竹竿的高度，不要伤害到幼儿。

二、基本部分

（一）小星星亮晶晶

队列：幼儿分成 2 组，由主、配班教师各带领 1 组，站在起跑线处。

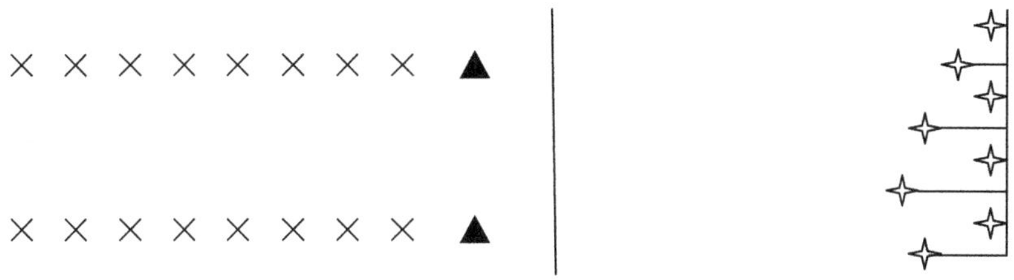

动作要点：跑的过程中做好起跳准备，起跳时双腿微屈，双脚离地，落地时前脚掌先着地。

规则：幼儿跟随教师向挂有星星的线跑去，到达线下面向上纵跳，尽量用指尖触及星星。

要求：幼儿必须跑到星星下面才可以向上跳起。为保证每个幼儿都能体会到成功的喜悦，考虑幼儿身高的差距，星星的高度可以高低不同，约超过指尖15—25 厘米。

安全保护：落地时用前脚掌先着地，保持身体平衡，不摔倒。

（二）摘星星

队列：幼儿排成四队，站在起跑线处。

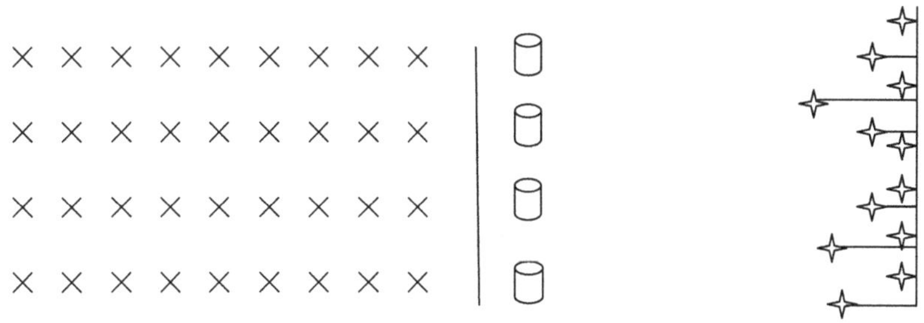

动作要点：跑到星星下面双脚跳起。

规则：每队排头幼儿向挂有星星的线跑去，到达线下面向上纵跳，摘下一颗星星跑回，将星星放进本队的小筐中，拍第二个幼儿的手，游戏继续进行。

要求：遵守游戏规则，听到教师开始命令后才能出发，然后原路返回排成原来的队形。听到结束口哨时，取得星星多的队获胜。

安全保护：落地时用前脚掌先着地，保持身体平衡，不摔倒。

三、结束部分

队列：自由队形站在教师身后。

放松动作：

（1）做游戏：我是一个木头人。幼儿跟在教师的身后自由地走，边走边说“我是一个木头人，不许说话不许动”。教师猛然回身，幼儿马上静止保持一个姿势不动。游戏反复进行。

（2）教师简单总结游戏情况，对幼儿的表现给予肯定，将小星星作为奖励发给幼儿。

活动延伸：跨跳、从高处定点向下跳。

（十三）推——双手推

河北大学幼儿园　张君君　提供

内容：快乐运输员。

目标：●提高幼儿双手推车的能力，锻炼身体大肢体的协调性。

●通过体育活动增强幼儿体质，感受游戏的快乐。

强度：☆☆☆☆

准备：场地10米×10米、口哨、小推车、装满彩色水的矿泉水瓶、半圆形拱桥教具、纸盒、纸箱等。

过程：

一、准备部分

（一）队列及站姿

（1）两队变四队。

（2）一臂距离两臂间隔散开。

（二）热身活动

（1）从头到脚做身体各部位的准备运动。

（2）做擦地操。边做操边有节奏地念儿歌：“我爱擦地，身体好好。左擦擦呀，左擦擦；右擦擦呀，右擦擦；前擦擦呀，前擦擦；后擦擦呀，后擦擦。”（幼儿准备弯腰拿拖布擦地的动作，根据儿歌中的方向进行肢体动作。）

队列：集体。

动作要点：弯腰和上下肢协调地进行擦地动作。

安全保护：提醒幼儿之间不能有身体接触。

二、基本部分

（一）感受小推车（分组练习推）

队列：分组（四组）。

规则：四组同时进行，每一组中的一名幼儿从起点推到终点后再返回起点，然后交给下一名幼儿进行推的过程。

动作要点：身体协调，把握方向。

安全保护：提醒幼儿初次尝试速度不要过快。

注意事项：到达终点后，绕过终点的纸盒时注意转弯时身体灵活性的掌握。

（二）小推车运水瓶（接力赛）

队列：分组（四组）。

规则：将幼儿平均分为四组，每组投放与本组幼儿相同数量的水瓶。口哨声响起后，四组幼儿同时进行，每组幼儿在队前面的纸箱里拿一个水瓶放在推车上，用推车将水瓶推到终点的空纸箱里放下，快速推车回来，交给下一名幼儿。下一名幼儿以同样的方法用推车运送水瓶。四组当中，哪一组先将水瓶运完哪一组获胜。

开始进行的时候，起点到终点的距离可近一些。幼儿逐渐练习熟悉后可拉长距离。

动作要点：腰部稍弯一些。

安全保护：提醒幼儿在跑的过程中眼、手、脚协调配合，防止由于速度过快水瓶掉下推车。

（三）推车过小桥（增加障碍）

规则：在每一组的路线中，增加 1—2 个拱形的塑料“小桥”教具。引导幼儿在上一个运水瓶的活动基础上，在运输过程中推车经过“小桥”，最先顺利运输完水瓶的一组获胜。

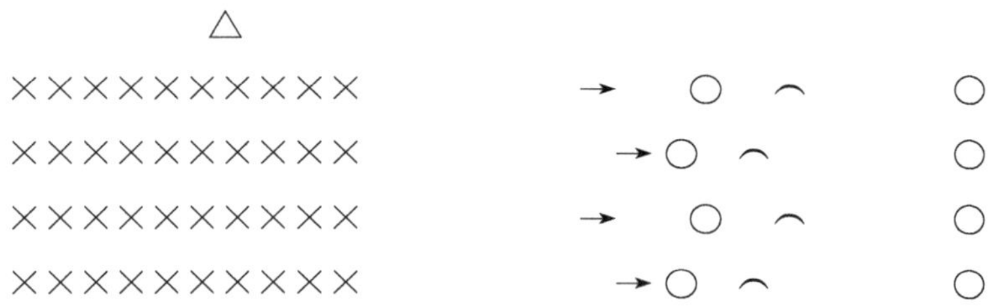

队列：分组（四组）。

动作要点：推车过“小桥”时注意掌握平衡。

安全保护：过“小桥”的时候，速度放慢，掌握推车和自己的角度。

三、结束部分（肢体放松）

队列：任何形式。

动作要点：肢体放松，提醒幼儿心理、身体在完全放松状态下进行深呼吸。

放松动作：

（1）幼儿互相拍打全身。

（2）做小面条下锅的小游戏。

（3）整队离场。

活动延伸：小推车运西瓜（皮球）、小推车过小河（弯曲的路线）。

（十四）跑——蛇形跑

河北大学幼儿园　张君君　提供

内容：小鱼游游游。

目标：●练习蛇形跑，提高动作的灵活性和快速反应能力。

●培养幼儿勇敢地参加体育活动的积极性。

强度：☆☆☆☆

准备：场地 8 米×10 米、口哨、铃鼓、装满彩色水的矿泉水瓶（与幼儿人数相等)、纸盒、水草道具等。

过程：

一、准备部分

（一）队列及站姿

四路纵队站好。

（二）相关部位的活动准备

动作要点：头→肩→臂→髋→膝→踝→全身。

（三）热身活动

(1) 从头到脚做身体各部位的准备运动。

(2) 听鼓声跑步游戏。

队列：集体。

规则：教师手拿一个铃鼓，幼儿听到鼓声做动作。教师敲击铃鼓声音节拍快时幼儿快跑，声音节拍慢时幼儿慢跑，如此反复几次。

动作要点：上下肢协调配合跑步动作。

安全保护：提醒幼儿之间不能有身体接触。

二、基本部分

（一）小鱼游池塘（分组练习跑）

将幼儿列队分成两组，围在水瓶围好的圆圈外，跟教师口哨节奏一同尝试进行蛇形跑。如此反复几次。

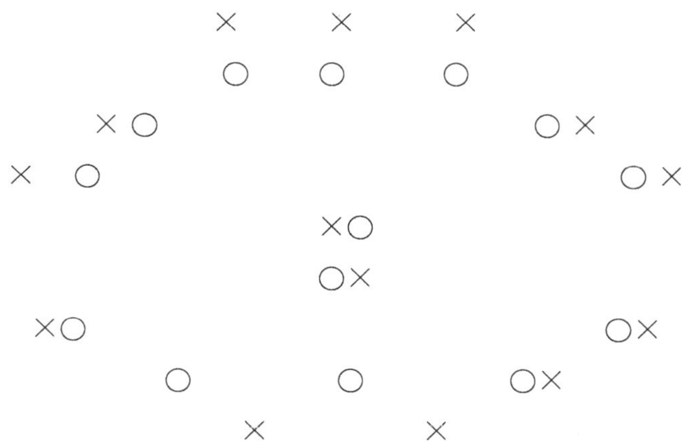

上图“×”代表幼儿，“○”代表彩色水瓶。

队列：分组（两组）。

规则：一名幼儿跟着一名幼儿跑，前后隔开 3 米距离。

动作要点：身体灵活地应变。

安全保护：提醒幼儿之间不能有身体接触。

注意事项：水瓶围好的圆圈要适宜，水瓶之间的距离要远一些。

（二）小鱼摘水草（蛇形跑赛跑）

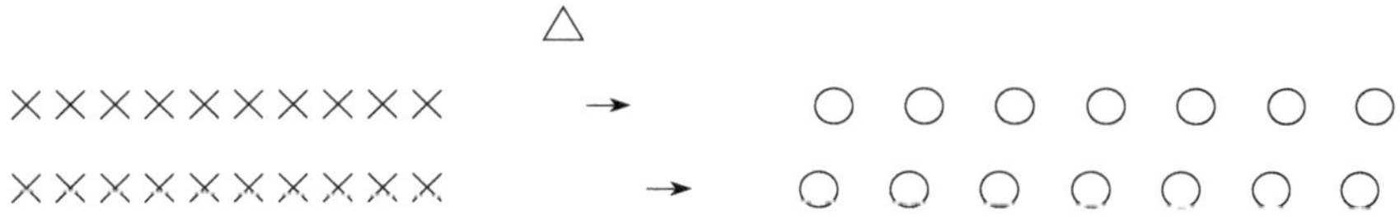

队列：分组（两组）。

规则：围圆的幼儿每人拿起一个瓶子变成两列纵队，将瓶子在场地上摆成两条直线，瓶与瓶间隔 1 米。两列纵队的幼儿两人一组进行蛇形跑的比赛，先到终点的幼儿可摘一条水草，最后统计哪一组小鱼摘到的水草数量多，哪一组获胜。

开始进行的时候，水瓶距离可远一些。幼儿逐渐熟悉后可适当缩短距离。

动作要点：身体灵活地绕着瓶子跑，不宜为了速度撞倒水瓶。

安全保护：提醒幼儿在跑的过程中眼、手、脚协调配合，防止由于速度过快而摔倒。

（三）小鱼游游游（增加障碍、难度跑）

规则：引导幼儿在场地上自由摆放丰富的水瓶及纸盒，距离有近有远，难度不一，游戏开始后，从起点开始绕过障碍进行蛇形跑至终点。

分组进行，可分为两组分别尝试。增加难度，两幼儿一组，拉手结伴绕障碍前行。

队列：分组→集体。

动作要点：注意力集中，身体灵活地应变。

安全保护：幼儿之间（每组之间）不能有身体接触，提醒幼儿眼、手、脚协调配合，防止碰撞，灵活躲闪。

三、结束部分（肢体放松）

队列：任何形式。

动作要点：肢体放松，提醒幼儿在心理、身体完全放松状态下进行深呼吸。

放松动作：

（1）小鱼吹泡泡的游戏，放松四肢及全身。

（2）小面条下锅的小游戏、拍打全身等。

（3）整队离场。

活动延伸：蛇形跑运物品（小鱼运鱼食）、蛇形跑接力（小鱼畅游海底）等。

（十五）滚——侧滚

河北大学幼儿园　张君君　提供

内容：小刺猬巧运水果。

目标：●尝试侧面身体滚动，提高幼儿大肢体翻身滚动的技能。

●培养幼儿勇敢地参加体育活动的积极性。

强度：☆☆☆☆

准备：场地8米×10米，口哨、垫子若干，水果粘扣若干，刺猬道具，4个分数牌等。

过程：

一、准备部分

（1）从头到脚做身体各部位的准备运动。

（2）“我是小刺猬”的游戏。边做动作边有节奏地念儿歌：“我是小刺猬，活泼又可爱；伸伸胳膊踢踢腿，扭扭屁股抖抖肩；左看看呀右看看，前看看呀后看看；如果见到敌人来，变个刺猬球。我是小刺猬，活泼又可爱（踏步动作）；伸伸胳膊踢踢腿，扭扭屁股抖抖肩（做和儿歌相应动作）；左看看，右看看；前看看，后看看（右手搭在额前张望，根据方向不同转动腰肢）；变个刺猬球（双手抱头，蹲下缩成一团）。”

队列：集体。

动作要点：抱头。

安全保护：提醒幼儿之间不能有身体接触。

二、基本部分

（一）小刺猬活动身体（分组练习滚动）

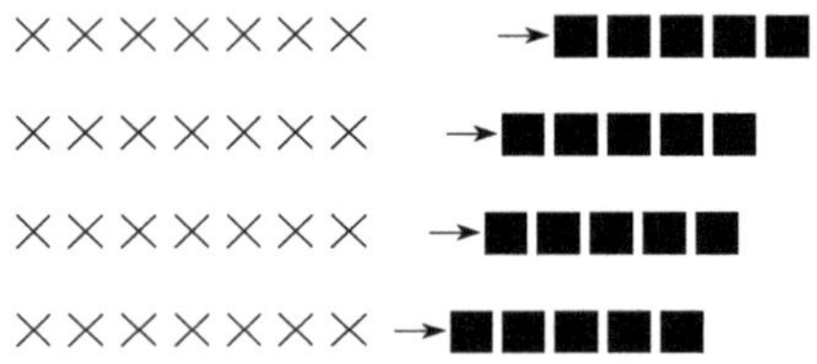

队列：分组（四组）。

规则：一名幼儿侧身滚动，到达终点后下一名幼儿再开始侧身滚动，前后隔开一定时间。

动作要点：抱头，身体灵活地应变。

安全保护：提醒幼儿身体掌握大致的方向，提醒幼儿不要滚到垫子外面去。

注意事项：教师注意个体差异大的幼儿，可辅助完成动作。

（二）小刺猬巧运水果

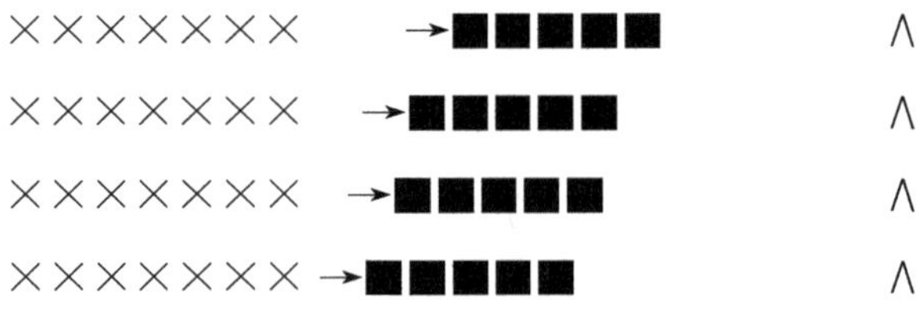

队列：分组（四组）。

规则：在上一组活动的基础上，丰富游戏，提高幼儿兴趣。在垫子的中间位置放置许多缝制有粘扣的布艺水果，幼儿身着类似披风的刺猬道具服装，道具上也缝制有粘扣，可将道具系在腋下和腰腹间。活动开始后，四组幼儿同时出发。到达终点后，清点道具服装粘有的水果数量，记在分数牌上。将道具交给下一个要出发的幼儿继续游戏，依次类推，直至活动结束。

动作要点：自然团身，肩背着地，滚动自然。

安全保护：提醒幼儿在跑的过程中眼、手、脚协调配合，防止由于速度过快而摔倒。

三、结束部分（肢体放松）

队列：任何形式。

动作要点：肢体放松，提醒幼儿在心理、身体完全放松状态下进行深呼吸。

放松动作：

（1）做“小刺猬吃水果”的游戏，放松四肢及全身。

（2）幼儿相互拍打身体等。

（3）整队离场。

第三节　幼儿园大班体能活动参考教案

（一）爬——手足爬行

杨　勇　提供

内容：猩猩运动会。

目标：●增强幼儿大小肌肉群力量，增进上下肢协调能力，促进心肺功能的提高。

●锻炼幼儿积极参与、大胆、自信和勇于克服困难的意志品质。

强度：☆☆☆☆☆

准备：场地 5 米×15 米、口哨、秒表、皮筋、矿泉水瓶（与幼儿人数相等）、呼啦圈、平衡木等不规则小器械。

过程：

一、准备部分

（一）队列及站姿

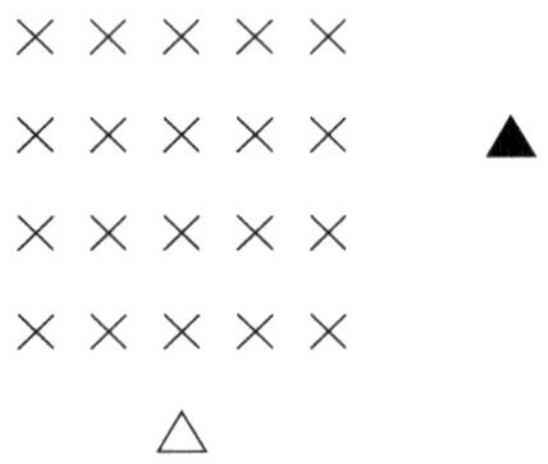

常规：检查着装，询问幼儿身体状况，师生问好，呈四路纵队站好，常规练习。

口令：立一正、稍息、向右看一齐、向前一看等。

（二）相关部位的热身活动（动作自选）

动作要点：头→肩→髋→膝→踝→全身。

（三）下肢活动的动作练习

队列：集体列队→分组单列队。

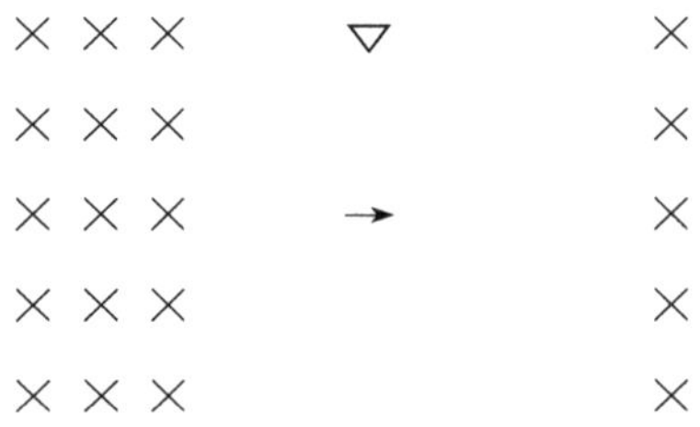

动作练习：屈体前行。

动作要点：上体前屈，抬头，上下肢协调配合做行走的动作。

要求：动作自然、夸张。每组练习一次，距离 10 米。

（四）手足动作协调爬行（模仿猩猩走路）

动作要点：提臀，手足着地，两手和两脚之间的距离比肩略宽。

规则：一组接着一组地进行练习到两组或多组练习。

要求：让幼儿练习猩猩走路的样子，巩固手足爬行的技巧，距离 10 米，每组 2 次，速度缓慢，动作到位，到终点后跑回原点。

安全保护：提醒幼儿在爬行过程中膝盖微屈，手脚交替爬行，防止由于速度过快或两臂力量不足、前倾力度过大而摔倒。

二、基本部分

游戏 1. 速爬比赛。

队列：分组。

动作要点：提臀，屈膝，手脚自然交替。

规则：猩猩速爬比赛游戏，以一列横队为一组进行比赛，到终点标志线时拍地举手为胜出者。

要求：距离 10 米，在此过程中两手和两脚不能同时离地，每组连续 2 次以达到预期运动量。

游戏 2. 障碍赛爬行。

队列：分组→集体。

动作要点：增加难度，选择 30 厘米左右的低矮小器械爬过障碍物。

规则：因地制宜，根据幼儿自身能力选择障碍难度，一组或两组同时进行。

要求：不要求速度，手和脚能跨过障碍物为宜（将皮筋、矿泉水瓶、呼啦圈、平衡木等不规则摆放；或幼儿自行摆放，教师指导），距离 15 米，每组 2—3 次。

游戏 3. 猩猩找水。

队列：四组同时对向爬行（下图圆圈代表矿泉水瓶）。

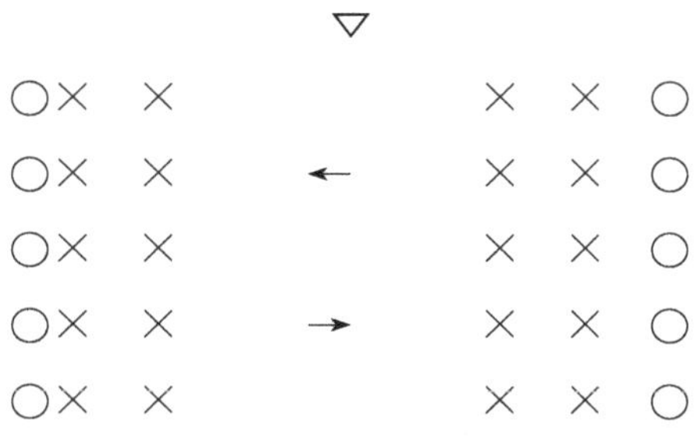

动作要点：在爬行过程中能灵活躲闪。

规则：大猩猩口渴了，准备到对面的领地找水喝。将小朋友以两路纵队为一组，共分为两组，如上图所示，需手足爬行至对面的矿泉水瓶处。

要求：距离为15米。以哨声为信号，两组小朋友同时爬向对面场地，每人拿一瓶水后迅速跑回原位。中高速度3—5次为宜（根据教师观察幼儿表象或测心率而定）。

安全保护：提醒幼儿眼、手、脚协调配合，防止碰撞，灵活躲闪。小朋友之间不能有身体接触。

三、结束部分

队列：任何形式。

动作要点：肢体放松，提醒幼儿在心理、身体完全放松状态下进行深呼吸。

放松动作：

（1）猩猩侧走、原地放松踏步走。

（2）全身曲线放松、面条下锅小游戏、拍打全身等。

（3）整队离场。

备注：

（1）此活动运动强度过大，教师须有充足的准备和掌控能力。

（2）关注幼儿个体差异，随时用秒表检测心率。

活动延伸：正爬、倒爬、听信号爬。

运动量预计：

（1）运动密度：40%—50%。

（2）平均心率：145次/分钟—155次/分钟。

（3）预期生理曲线图如下：

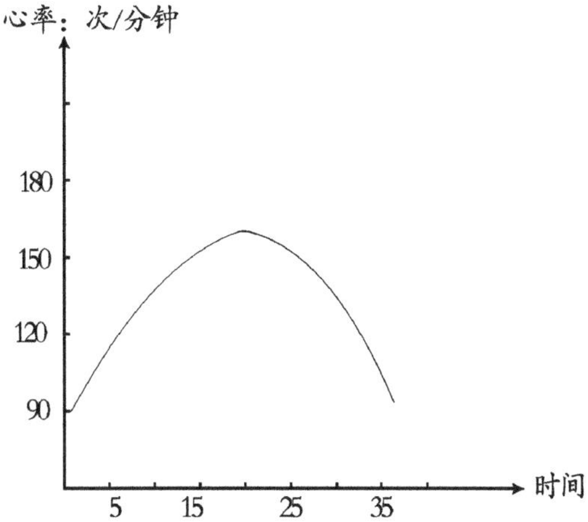

（二）预备——进攻（上肢力量）

杨　勇　提供

内容：垫子的多种玩法。

目标：●增强幼儿上肢力量，提高上下肢协调运动能力。

●探究垫子的多种玩法，感受运动的快乐，培养幼儿的合作精神和坚强的意志品质。

强度：☆☆☆☆☆

准备：标准体操垫 4 块、秒表、口哨、旗子 2 面、小器械若干。

过程：

一、准备部分

（1）带领幼儿呈一路纵队，一个跟着一个自由放松，慢跑热身。

（2）幼儿呈四路纵队，基本口令队列练习，跟小旗子一起舞动热身。

二、基本部分

将幼儿分成四组，每组一块垫子进行游戏。

游戏 1. 让垫子飞起来。

引导幼儿以一路纵队为一组，集体合作如何让垫子飞起来（如抬、拉等），要求头脑灵活，动作自然。

教师交代、引导：

自由尝试 1：

自由尝试 2：

自由尝试 3：

游戏 2. 预备——进攻。

(1) 将幼儿分成两个大组（如番茄队和菠萝队），集体进攻对方的垫子。

要求：防守队员用双手、腿部及身体将垫子横立在地上形成一道“城墙”。进攻队员从距离“城墙”15 米的对面冲过来后至“城墙”前，双手握拳、双臂交替“冲击城墙”。

进攻次数：4—6 次

安全保护：小朋友在进攻的时候，双拳不能接触到其他小朋友的任何部位。

（2）以同样的方法用器械进攻垫子。

游戏 3. 占领高地。

将垫子拼成擂台，一组小朋友对抗另一组小朋友，用双臂将对方推出擂台。

三、结束部分

全体小朋友用不同的形式自由放松。

(三) 甩——双手甩

保定市新华幼儿园　姚　纯　提供

内容：甩布。

目标：●锻炼幼儿手臂肌肉力量，增强抓握力和上下肢协调能力。

●锻炼幼儿勇敢、自信的品质和团结合作精神。

强度：☆☆☆☆☆

准备：场地 10 米×15 米、口哨、秒表、气球、直径 6—8 米的圆形轻布料做成的甩布一块。

过程：

一、准备部分

(一) 队列及站姿

呈一路纵队站好，围布走成圆圈，教师站于圆心。

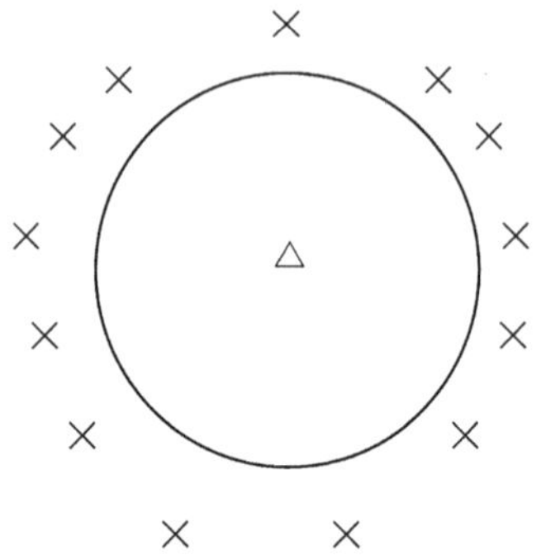

（二）热身活动

游戏："大皮球"。

幼儿拉手变成一个皮球，听教师口令"小皮球"，幼儿立即向圆心方向聚集，变成小圆圈；教师口令为"大皮球"即后退成一大圆圈，重点提醒幼儿双手用力握紧两侧同伴的手，胳膊拉直，让皮球变成最大；教师口令为"拍皮球"时，幼儿松手原地纵跳，可跟随教师拍皮球的节奏跳跃。

二、基本部分

（一）翻滚的海浪

队列：围圆圈站好。

动作要点：大臂带动小臂上下甩动，拇指在上，用力抓握布的边缘。

规则：听口令进行甩布练习，如未握紧布从手中滑出，可立即重新抓握，继续进行练习。

要求：教师介绍甩布的正确握法，即双手抓住布的边缘，拇指用力，手握紧。幼儿蹲下，双手抓紧甩布，轻轻上下抖动。教师："这块大布在我们的甩动下变成了海面上的波浪，现在风平浪静，海浪很小（幼儿轻轻上下甩动大布），风渐渐大了（幼儿用力甩动），海浪越来越大了（幼儿站起来甩动），海浪翻滚起来了（幼儿跳起甩动）。"

（二）跳舞的气球

动作要点：增加甩动的力度，腰部和腹部要同时用力。

规则：掉下甩布的气球在游戏结束后请幼儿捡起，游戏进行中不能暂停捡起。

要求：幼儿围圆圈站立，双手握紧布的边缘，在甩布上放置多个气球，幼儿用力甩动甩布，将气球抛向空中，再等待它们像跳舞般地飘落下来，游戏反复进行 3—5 次。

（三）神秘的帐篷

队列：幼儿报数“一、二”，分出前后两个圆圈。

动作要点：搭建的幼儿要将双臂高高举起，并握紧大布边缘。

规则：帐篷搭建时间为 10 秒左右。

要求：搭建组幼儿同时握紧甩布边缘，高举双臂，使甩布变为一个大帐篷，另一组幼儿迅速跑进帐篷中央坐下。搭帐篷幼儿持续 10 秒后听口令，迅速向前移动一步，并松开双手，让帐篷盖在自己的头上，使所有幼儿都能体验到在帐篷中的神秘感。

安全保护：提醒幼儿眼、手、脚协调配合，防止碰撞。

（四）快速传输带

队列：幼儿站成两路纵队，面对面站立，双手握紧甩布，使布成为一个长方形。

动作要点：幼儿双手握布侧身前行，注意步伐均匀，与前面同伴保持一定距离。

要求：3 名幼儿躺在长方形甩布上，其他幼儿同时用力将他们抬起，向前行进 5—10 米。幼儿可轮流躺在甩布上体验被移动的感觉。

安全保护：游戏在软质场地、地垫或体操垫上进行，提醒幼儿抬起和放下甩布时要缓慢，以保证甩布上幼儿的安全。

三、结束部分

队列：任何形式。

动作要点：肢体放松，提醒幼儿在心理、身体完全放松状态下进行深呼吸。

放松动作：幼儿全部躺在甩布上，轻轻拍打手臂，活动手指，放松全身。

活动延伸：利用甩布在户外活动中探索其他玩法，扩充幼儿的运动体验。

（四）跳——立定跳远

保定市新华幼儿园　姚　纯　提供

内容：快乐的小青蛙。

目标：●巩固立定跳远的技术动作，掌握正确方法，发展幼儿下肢力量以及身体的协调性、灵敏性。

●培养幼儿善于思考的习惯和勇于克服困难的意志品质。

强度：☆☆☆☆☆

准备：场地 5 米×15 米、口哨、秒表、地垫（50 厘米×50 厘米）、体操圈。

过程：

一、准备部分

（一）队列练习

检查着装，询问幼儿身体状况，师生问好，呈四路纵队站好，常规队列练习。

内容：

（1）原地转法。

（2）原地踏步走。

要求：队列整齐，动作整齐，挺胸抬头。

（二）热身活动

（1）幼儿围圆圈进行慢跑，随教师口令进行不同方法的跑动，如单脚跳、前踢腿、后踢腿等脚步动作。

（2）原地徒手操练习：扩胸，体侧、体转运动，腹背动作。

（三）基本动作练习

动作要点：教师示范、讲解。

（1）预备——两脚自然开立，上体稍前倾，两腿屈膝，两臂后举，两臂向上摆起，两腿弹性屈伸一次。

（2）起跳——两臂用力上摆，前脚掌用力向上蹬地展体，使身体向前跳出。

（3）落地——小腿前伸，用两脚跟着地，即刻屈膝缓冲，保持身体平衡。

要求：集中注意力，动作自然、放松，蹬地迅速有力。

二、基本部分

（一）小青蛙过河

队列：一列横队。

动作要点：前脚掌用力蹬地起跳，上下肢配合协调。

规则：小青蛙过河时要双脚起跳、双脚落地。

要求：“小河”宽 1 米，幼儿扮演小青蛙在河的一端运用立定跳远的动作跳到另一端，听口令，进行 10 次立定跳远的练习，理解并记忆动作及方法。

（二）小青蛙跳荷叶

队列：四路纵队。

场地：荷叶的间距分别为 30 厘米、50 厘米、80 厘米、100 厘米。

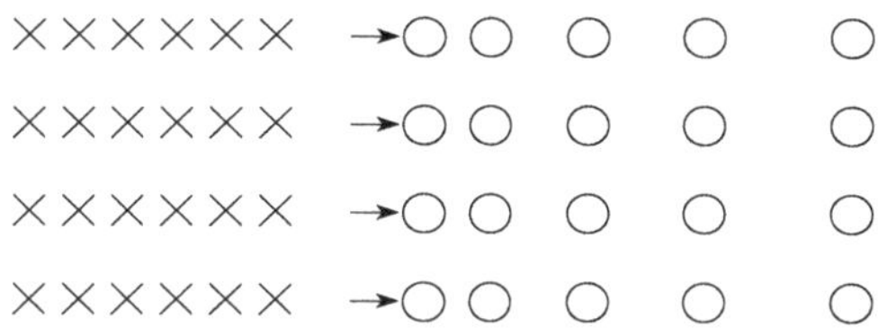

动作要点：增加立定跳远的难度，连跳时不能移动脚步，注意要屈膝缓冲。

规则：每队以全体最短时间过河者为胜，遵守规则，相互合作。

要求：各队队长组织讨论通过荷叶的最好方法，尝试怎样过河用时最短（鱼贯形式、队员位置安排合理）。

（三）小青蛙捉害虫

队列：自由站立。

场地：

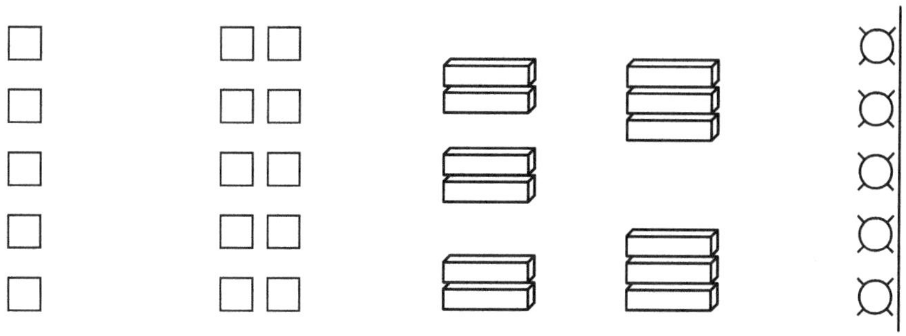

动作要点：提高跳跃难度，在原地立定跳远的基础上增加障碍跳、从高处向下跳、原地纵跳等跳跃练习。

规则：幼儿选择不同宽度与高度的障碍物进行立定跳远练习。教师："现在妈妈带宝宝们去捉害虫，我们要跳过一个个田埂才能捉到害虫，有的田埂比较高，有的比较宽，最后还要跳得高高的才能捉到害虫。"教师强调动作要领。跳过去的幼儿可捉一只小虫，从两侧跑回起点。

要求：幼儿自选跳过不同的田埂去捉害虫。可两块地垫横起来拼，也可两块地垫竖起来拼，或四块地垫垒在一起拼。害虫悬挂高度兼顾不同身高的幼儿。

三、结束部分

队列：任何形式。

动作要点：肢体放松，提醒幼儿在心理、身体完全放松状态下做深呼吸。

播放《小青蛙》音乐，师幼一起做放松腿部的游戏和舞蹈。

（五）投掷——双脚投掷

保定市新华幼儿园　刘秋月　提供

内容：沙包乐。

目标：●结合器材进行双足投掷跳跃练习，提高幼儿用脚控制物品的能力。

●增强幼儿腹部、下肢的肌肉力量及协调能力。

强度：☆☆☆☆☆

准备：场地 8 米×15 米，口哨、沙包若干。

过程：

一、准备部分

（一）队列及站姿

围圈站好，教师、幼儿一起站于圈上后呈四路纵队，最后再变成一个大圆圈。

×

×　　　　　　×

×　　　　　　　　×

×　　　　　　　　　×

×　　　　　　　　　×

×　　　　　　　　×

×　△　×

（二）热身运动

（1）从头到脚做身体各部位的准备运动。

（2）出示沙包，激趣，用沙包夹在膝盖处（保持不掉）围圈行走，随之增加难度，夹于膝盖或脚部跳跃走圈。

二、基本部分（双脚投掷沙包跳跃）

（1）与幼儿交流沙包的多种玩法。

老师：“刚才我们在热身活动中与沙包做了游戏，那小朋友们想一想，你们还有什么关于沙包的游戏吗?”（请个别幼儿示范自己的游戏，其他幼儿模仿。）

（2）师幼互动推出双脚投掷沙包。

动作要点：双足夹住沙包，腹部、腿部向前上方用力，跃起，抛出沙包。

（3）幼儿自由练习。

（4）分组练习。

队列：五人一组围圈。

×　　　　×　　　　×　　　　×　　　　×

×1×　　×2×　　×3×　　×4×　　×5×

××　　　××　　　××　　　××　　　××

动作练习：双脚投掷沙包抛接。

动作要求：幼儿利用双脚投掷跳跃的方法将沙包抛给旁边幼儿，逐一循环进行。

(5) 集体练习。

动作练习：双脚投掷。

动作要点：腹部、腿部、脚部协调用力。

(6) 竞赛游戏。

队列：分组→集体。

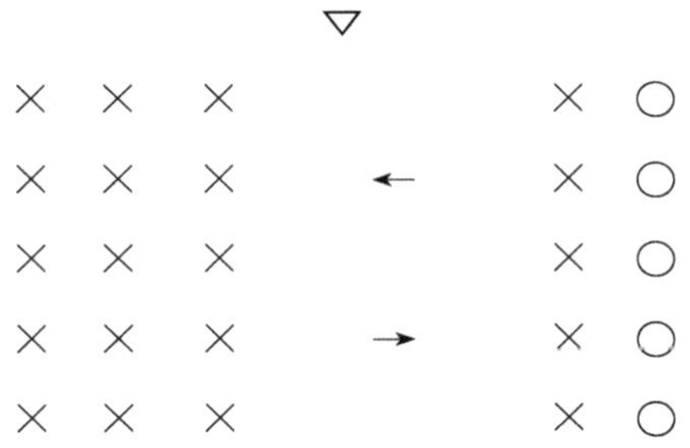

游戏 1. 双脚投掷沙包。

动作练习：在指定处双脚投掷沙包。

动作要点：复习双脚夹物连续跳，在指定位置进行双脚投掷。

规则：幼儿双脚夹沙包连续跳跃到达终点后，用双脚将沙包向前抛入指定区域内，跑回起点，反复进行，最先完成一组为胜。

要求：距离 10 米，每组 2 次，速度为中，动作到位，不允许用手触沙包。

保护：提醒幼儿在跳跃与投掷沙包过程中，防止由于速度过快或动作不协调而摔倒。

游戏 2. 再次双脚投掷沙包。

动作练习：反复练习双脚投掷。

动作要点：跑与投掷的结合，动作的协调与力量的控制。

规则：幼儿双脚夹沙包站于起点，尽力用双脚将沙包抛出，跑到沙包停滞处，用双脚将沙包夹住再次抛出，如此反复，直至到达终点后再跑回起点将沙包交于下一位幼儿。依次进行，最先完成组为胜。

要求：距离 15 米，双足投掷动作到位，中高速度 2—3 次为宜。

保护：提醒幼儿眼、动作的协调配合，防止碰撞。

三、结束部分

队列：围圈。

（1）在舒缓的音乐下，幼儿将沙包顶于头部（保持不掉），围圈走线。

（2）边走线，边全身做放松运动。

（3）整队离场。

备注：

（1）双脚夹抛沙包用手接住的游戏方法，可用于幼儿平时独自进行的各种自由活动之中，此方法在基本动作之上，可不断增大难度，例如：调整抛起的高度、纸球由后向身前抛起。

（2）关于沙包的游戏活动有许多，如沙包双臂投掷、顶沙包走平衡木、传统游戏“跑锅”、沙包抛接等，可以汇总到一起，作为一系列的沙包体育活动方案。

活动延伸：双足反方向投掷跳（向后）、双足高抛沙包（一幼儿抛、一幼儿接）等。

（六）跨——跨障碍跑

保定市新华幼儿园　刘秋月　提供

内容：我是跨栏小高手。

目标：●学习跨障碍跑，并尝试单腿跨过 40 厘米高的障碍物。

●锻炼幼儿腿部力量，增强动作的协调性和灵敏性。

强度：☆☆☆☆☆

准备：场地 5 米×15 米，口哨、秒表、鞋盒若干。

过程：

一、准备部分

（1）幼儿作为小小运动员，在《运动员进行曲》的伴奏下进入场地。

队列及站姿：

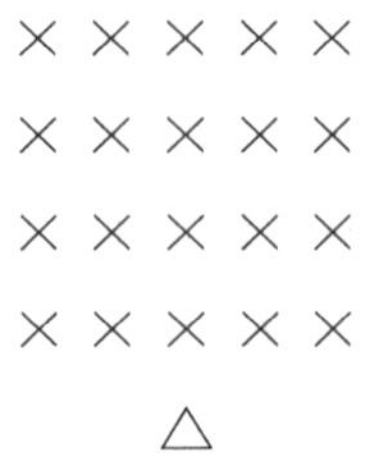

（2）相关部位的活动准备。

教师、幼儿共同以运动会各项比赛的情景进行热身活动。

头部运动：以蛙泳状四散游，抬头换气。

下蹲运动：双手合拢向上伸直，身体边扭动边蹲下，然后跳起来，就像沉到底再跳出水面的花样游泳运动。

上肢运动：双脚平移蹉步后向上做投篮状。

体转运动：双手作持枪状，左右射击。

腹背运动：两脚分开与肩同宽，做弯腰抓杠向上举重状。

跳跃运动：两脚并拢向前做跳远状。

整理运动：作竞走状。

（3）谈话，激趣。

教师：“运动会中都有什么运动项目，你们知道吗？”

教师做一个跨栏的动作，请幼儿猜是什么体育项目（跨栏、刘翔）。

教师：“那刘翔哥哥在 110 米跨栏时是怎样做的，你们来试一试好吗？”

幼儿自由尝试动作。

二、基本部分（跨障碍跑）

（1）将鞋盒依次摆成 4 列，每列 3 个鞋盒，每个鞋盒之间的距离进行适当的调整，如图：

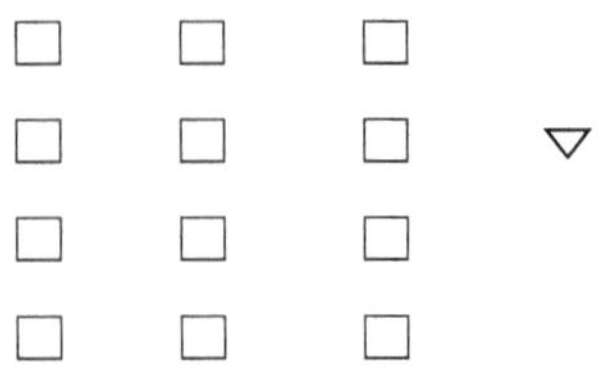

每组鞋盒的摆放如图：

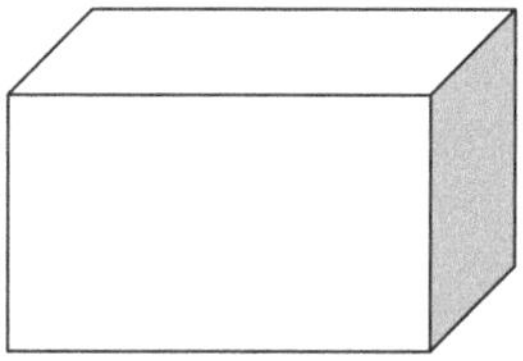

队列：集体列队→单列队。

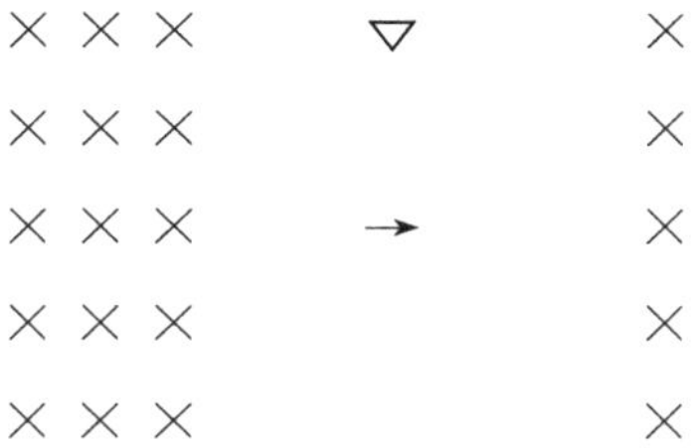

动作练习：连续跨过低度障碍，跑跳结合。

动作要点：助跑时要求中速、短距、自然放松，跨跳时蹬腿、起跳、跨越腾空、落地。

要求：距离 10 米，每组 2 次，单起单落，动作到位。

（2）将每组一个鞋盒改为两个鞋盒平放摞摆，如图：

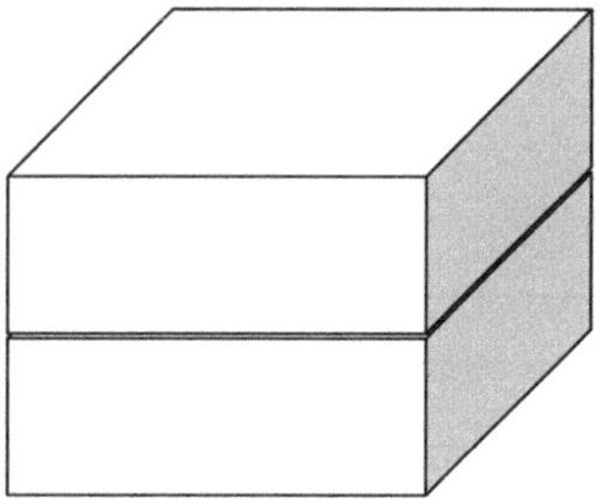

动作练习：连续跨过较低障碍，跑跳结合。

规则：距离 10 米，一组接着一组地进行练习，到两组练习。

保护：提醒幼儿在跨越盒子时要单腿起跳，腾空跨越，以防踩到鞋盒而摔倒。

(3) 每组鞋盒之间的距离调整为 2.5 米，每组鞋盒改为 2 个并排竖放，如图：

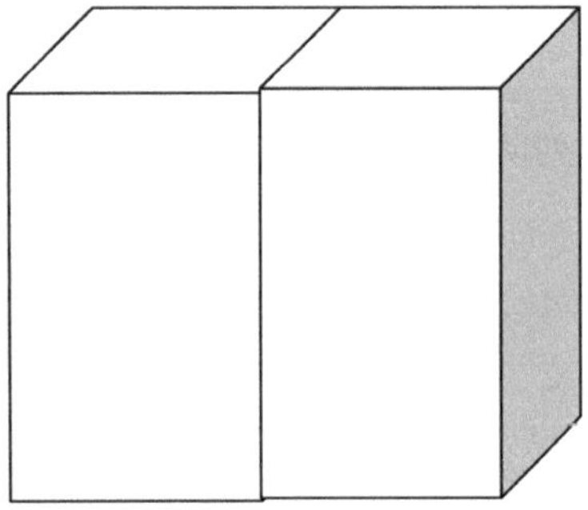

队列：分组进行。

动作练习：连续跨过 30 厘米高的障碍，跑跳结合。

动作要点：注意单腿起跳的高度、腾空的保持及另一条腿的跟进。

要求：距离 15 米，每组 2 次，速度中快，动作到位。

(4) 将每组鞋盒改为 3 个平放摞摆，高度约至 35 厘米，如图：

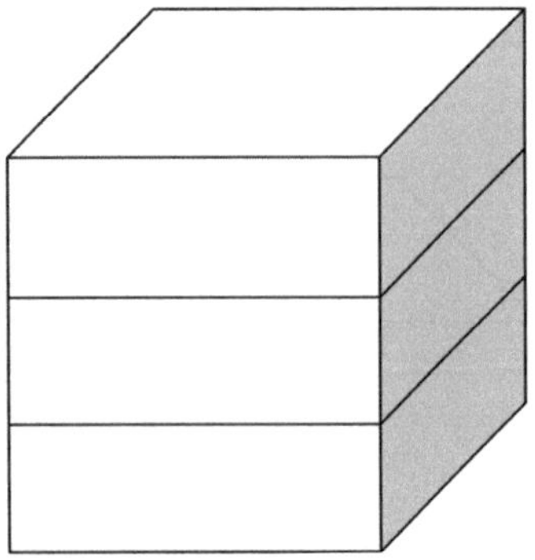

队列：分组→集体（竞赛形式）。

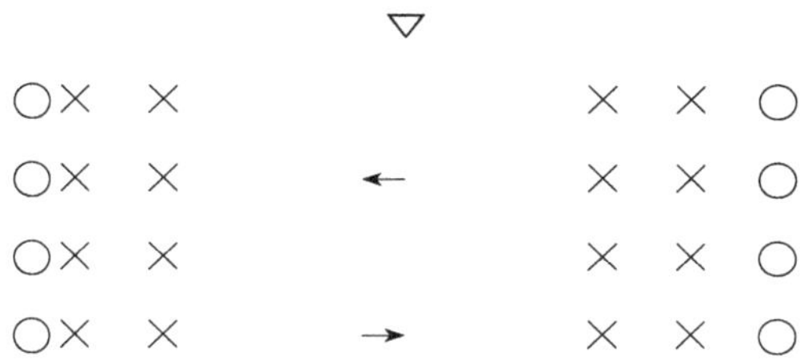

动作练习：连续跨过 35 厘米高的障碍，跑跳结合。

动作要点：跑跳的衔接，身体的灵敏与协调。

规则：四组以比赛形式开展，一幼儿跨跑至终点后折回拍下一位幼儿的手，依次进行两次，评出优胜队。

要求：距离 15 米，折回时从旁边折回，无须跨越。

保护：提醒幼儿在激烈的比赛中调整心态，切勿因心急慌张踩到鞋盒摔倒。

（5）将每组鞋盒改为两个稍竖摞放，如图：

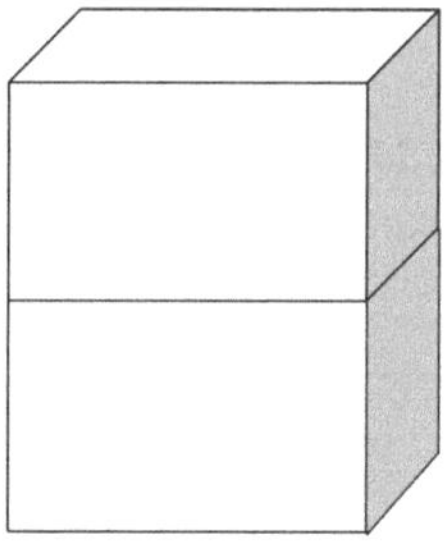

动作练习：连续跨过约 40 厘米高的障碍，跑跳结合。

动作要点：跑跳的正确衔接，身体的灵敏、躲闪与协调。

规则：小朋友利用跨障碍跑的技能进行分组竞赛。

要求：每个环节每组幼儿保证 15 米左右，中高速度 2 次（根据教师观察幼儿表象或测心率而定）。

保护：提醒幼儿眼、脚协调配合，防止碰撞。

三、结束部分（肢体放松）

队列：围圈。

动作练习：肢体放松。

动作要点：提醒幼儿心理、身体完全放松。

放松：

（1）在轻柔的音乐伴奏下，圈上做竞走状。

（2）全身曲线放松，深呼吸、转转头、晃晃手、敲敲腿等。

（3）整队离场。

备注：

（1）教师要关注个别胆小的幼儿，积极用语言或动作去鼓励他们。

（2）关注幼儿个体差异，栏的高度随幼儿的能力而定。

活动延伸：接力跑、蛇形跑。

（七）攀——向上向下攀爬

保定市新华幼儿园　刘秋月　提供

内容：我要“攀”得更高

目标：●锻炼幼儿的攀登技巧、四肢力量及动作的协调性。

●培养幼儿勇敢、不怕困难、坚持到底的毅力及合作精神。

强度：☆☆☆☆☆

准备：场地 8 米×10 米、口哨、秒表、叉梯 2 个、小红花若干、攀登架、红旗 4 面。

过程：

一、准备部分

（一）队列及站姿

围圈站好，教师、幼儿一起站于圈上。

（二）相关部位的活动准备

教师："今天天气真好，想去郊游的小朋友请上车。"（放《去郊游》的音乐，小朋友们开着火车随音乐做动作，到场地围圈站好，做热身准备运动。）

教师："郊外的空气真新鲜呀，赶快下车了，你们看，这是什么？（叉梯。）它都能做些什么？（攀上去可以拿东西，消防队员用来救人……）叉梯是梯子的一种，它比梯子更稳定更安全，不倚靠任何物体就可以站稳，能够两边两人同时攀登，今天我们就来和叉梯做游戏，好不好？"

二、基本部分（攀登游戏）

（一）攀登动作的练习

队列：集体列队→分组单列队。

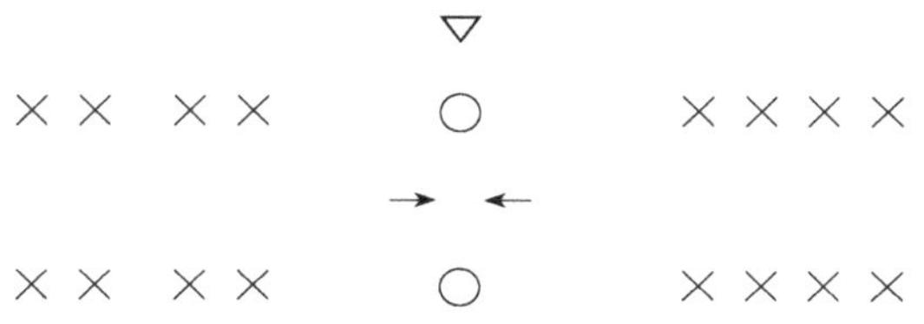

上图"○"代表叉梯。

动作练习：向上、向下攀爬叉梯。

动作要点：双手向上握住梯子两侧，双脚交替踏梯磴向上攀，手脚交替，动作灵活、协调；下梯动作要领相反，下梯要求双脚落地站稳后，再松开扶梯的双手。

注意：

（1）因是叉梯，两组幼儿可在一个叉梯上同时练习攀爬。

（2）幼儿在教师指导下练习攀登动作，教师要注意幼儿安全并进行个别指导。

（3）鼓励幼儿勇敢攀登。

要求：每组每人练习 2—3 次为宜，速度缓慢，动作到位。

（二）贴红花比赛

动作要点：向上、向下攀爬。

规则：在每个叉梯上竖起一块两面的纸板，叉梯顶端的边缘处贴有很多小红花，幼儿攀梯到顶端将一个红花贴于板上，再返回地面，下一位开始，依次进行，直至每组最后一位幼儿完成。评出最先完成的优胜组。

要求：攀登动作正确、协调，每组 2 次，速度稍慢。

保护：提醒幼儿在攀爬过程中手脚交替，踩稳梯磴，以防踩空滑伤、掉落、摔倒。

（三）插红旗比赛（攀登架）

队列：分组进行。

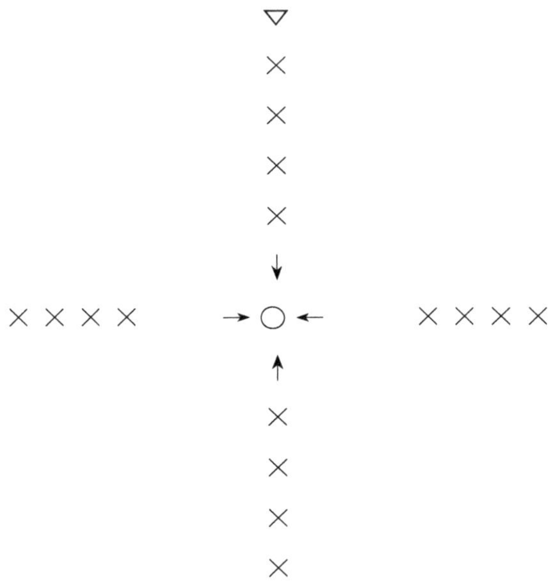

动作练习：直上、直下地攀爬。

动作要点：双手向上，交替握攀登杆，双脚交替踏杆向上攀登，手脚动作灵活、协调。下攀登架的动作要领和上攀登架的动作要领相反。下攀登架时要求幼儿双脚落地站稳后松手。

规则：每组第一名幼儿拿一面旗子攀上攀登架，将红旗插好，下来后拍第二名幼儿的手；第二名幼儿攀上攀登架，取下红旗交给第三名幼儿，如此依次进行。

要求：攀登动作正确、协调，中高速度 3 次为宜（根据教师观察幼儿表象或测心率而定）。

保护：提醒幼儿手脚交替，注意灵活与协调，防止踩空、抓空而掉落摔倒。

三、结束部分（肢体放松）

队列：一纵队。

动作练习：肢体放松。

动作要点：提醒幼儿心理、身体完全放松状态。

放松：

（1）集体开火车。

（2）在音乐的伴奏下，全身曲线放松。

（3）整队离场。

活动延伸：攀登架、攀岩墙。

（八）拍球——运球

保定市新华幼儿园　刘秋月　提供

内容：小球拍拍。

目标：●通过在规定范围内的连续拍球来提高运球技能。

●锻炼幼儿的上肢肌肉与关节，发展幼儿肌肉力量与手眼协调性及控制动作的能力。

强度：☆☆☆☆☆

准备：

（1）场地 10 米×15 米、口哨、秒表、人手一皮球、粉笔。

（2）幼儿已有连续拍球的经验。

过程：

一、准备部分

（一）队列及站姿：四路纵队口令及队列练习，最后围成一个大圆圈。

（二）相关部位的活动准备。动作要点：头→肩→髋→膝→踝→全身。

要求：幼儿手持皮球与其他幼儿保持一定距离站于圈上，在教师的带领下一起进行球操的热身运动。动作要从上至下、从左至右，如顶球点头、夹球扭腰、坐球晃肩手足、身体滚球等。

二、基本部分

（一）自由拍球的动作练习

队列：围圈。

动作练习：复习连续拍球的动作。

动作要点：注意手眼的协调，在指定的大圆圈范围内自由拍球，与他人保持一定距离。

（二）小范围内拍球

动作要点：手眼的协调、手部力量的掌握。

教师用粉笔在场地中示范画图，进行拍球。幼儿根据教师提示，也用粉笔在场地上自由画图，为自己规定较小范围，进行拍球练习。

规则：在自己绘画的图中拍球，球不可压线。

要求：幼儿绘图范围掌握在1米×1米，进行连续拍球。

（三）运球练习

（1）队列：集体列队→分组单列队。

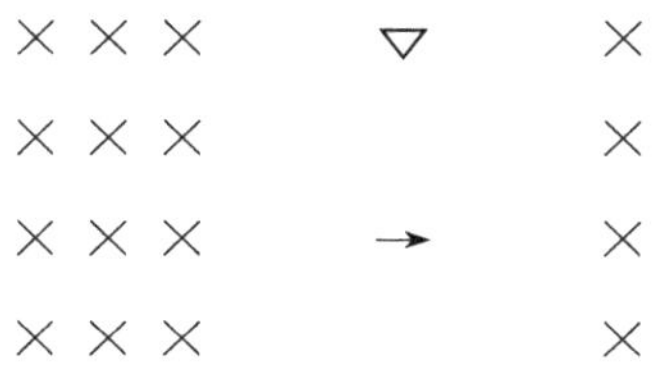

动作练习：运球练习。

动作要点：边走边连续拍球，根据自身能力控制速度。

要求：距离 10 米，每组 2 次，速度缓慢，动作到位。

保护：提醒幼儿拍球走动时小心，注意不要脚踩到球摔倒。

（2）规定范围内运球。

场地：跑道。

队列：集体列队→分组单列队。

动作练习：在规定的范围内进行运球练习。

动作要求：在自己的跑道内速度中慢进行走步运球练习，动作协调。

（四）运西瓜比赛

（1）队列：分组→集体。

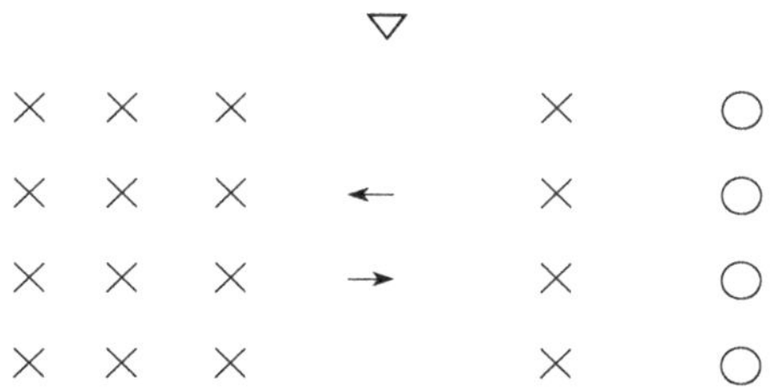

动作练习：以比赛的形式进行走步运球练习。

规则：在规定跑道内运球至终点放到本组筐内，按原路跑回至始点，下一位幼儿开始，依次进行 2 次，比赛后评出优胜队。

要求：距离 15 米，如运球失误，球滚至别处，需捡回至失误处继续运球。

保护：依幼儿自身能力掌握运球速度，注意不要踩到球，以免摔倒。

注意：如没有跑道场地，可用粉笔画出几组细长的跑道。

（2）队列：分组按跑道格子运球比赛。如图：

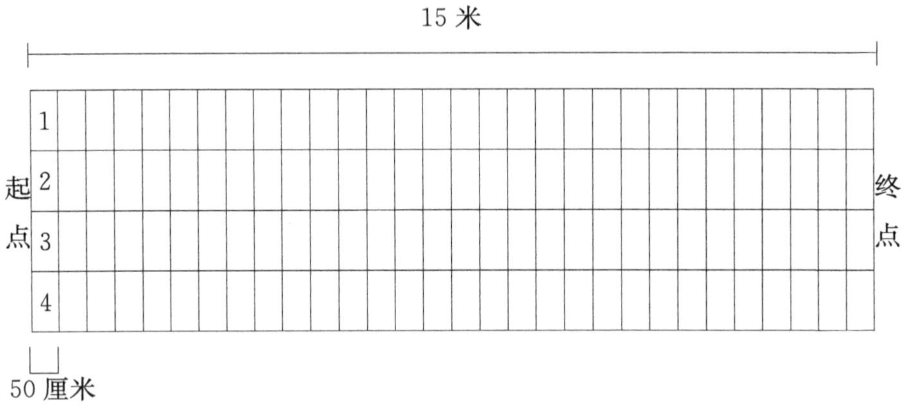

动作练习：在规定跑道中一格一格移动运球。

动作要点：在更具体更小的范围内步行运球，动作缓慢，手眼协调。

规则：幼儿根据格子提示在更细化的范围内运球，一拍一格，尽量不压线，反复练习运球技能。

要求：教师用粉笔在 15 米跑道上隔出 30 个长为 50 厘米的格子，幼儿中低速度运球 3 次为宜（根据教师观察幼儿表象或测心率而定）。

安全保护：提醒幼儿眼、手、脚、球的协调配合，防止碰撞及踩球摔倒。

注意：此环节难度较大，可根据本班幼儿能力增加或减少运球次数。

三、结束部分（肢体放松）

队列：围圈。

动作练习：肢体放松。

动作要点：提醒幼儿心理、身体处于完全放松状态。

要求：注意力量的掌握。

放松：

（1）在音乐伴奏下用球轻拍身体进行放松。

（2）两人一起用球互相轻拍身体进行放松。

（3）整队离场。

活动延伸：拍球跑、拍球绕障碍跑。

（九）钻——提高篇

保定市新华幼儿园　刘秋月　提供

内容：钻洞洞。

目标：●提高钻的技能，发展身体的柔韧性和协调性。

●想方设法用合适的方式钻爬形状各异、大小不同的“洞”，动作灵活。

强度：☆☆☆☆

准备：场地 5 米×15 米、口哨、收缩钻筒、拱门。

过程：

一、准备部分（引起动机阶段）

（一）队列及站姿

× × × × ×

× × × × ×

× × × × ×

× × × × ×

△

（二）相关部位的活动准备

热身运动：以“请你像我这样做”游戏进行。

教师：摇摇你的头	幼儿：摇摇我的头
转转你的肩膀	转转我的肩膀
扭扭你的腰	扭扭我的腰
甩甩你的左手	甩甩我的左手
甩甩你的右手	甩甩我的右手
捏捏你的大腿	捏捏我的大腿
拍拍你的小腿	拍拍我的小腿
踢踢你的脚	踢踢我的脚

请你跳一跳　　　　我要跳一跳

……　　　　……

二、基本部分

（一）教师用身体搭洞（引导幼儿发现用身体的不同部位能搭出大小不同的洞）

（1）教师双手、双脚撑地，膝盖伸直，搭了一个“桥洞”，幼儿尝试钻过。

动作练习：正身蹲钻。

动作要点：上体前屈，低头，下体蹲下，向前挪动步子钻过。

（2）教师蹲下，一只手臂向侧外方打开，指尖撑地形成“桥洞”，幼儿尝试钻过。

动作练习：手足爬行钻。

动作要点：两手两足着地爬，弯腰钻过。

（二）自己搭钻洞

动作练习：各种钻的尝试与练习。

动作要点：灵活运用各种“钻”的方法，尝试钻过同伴搭的洞。

规则：幼儿两两一组，一个搭洞，一个钻洞。

要求：搭洞的幼儿要控制好自己的身体，搭一个小朋友可以钻过去的、牢固的洞；钻的幼儿要尝试各种钻的动作，身体尽量不碰到洞，速度缓慢，动作到位。

安全保护：提醒钻的幼儿动作要轻，不要碰倒搭洞的幼儿，而搭洞的幼儿也要控制好自己的身体，搭一个小朋友可钻过的洞。

注：如有的幼儿搭的洞太小了，教师可请其他幼儿示范搭一个可钻过的洞；教师可引导幼儿观察并学习一些钻得好的幼儿，如有幼儿“匍匐钻”过可为大家做示范；教师加强对个别幼儿的指导，及时鼓励能较好控制身体的幼儿。

（三）集体合作搭钻

队列：一组火车。

动作练习：正身低头钻、正身弯腰钻、手膝爬行钻。

动作要点：开火车进行集体各种钻的游戏。

游戏：网鱼。

玩法：教师与一幼儿手拉手搭成渔网，其他幼儿鱼贯钻过。边念儿歌“一网不捞鱼，二网去赶集，三网捞着一个小尾巴小尾巴大金鱼”边玩。搭网的人不断调整网的高度，引导幼儿分别用低头、弯腰、爬行的方式钻过城门，提醒幼儿不要碰到渔网。当念到“小尾巴小尾巴大金鱼”时放下“渔网”，抓住一幼儿，该幼儿便替换原先搭渔网的幼儿。

第一次钻时，渔网与幼儿的头顶等高，幼儿低头便可钻过。

第二次钻时，渔网与幼儿肩膀等高，幼儿需弯腰钻过。

第三次钻时，渔网的高度与幼儿的腰部等高，幼儿需爬行才可钻过。

（四）“S”钻

队列：一组火车。

动作练习：“S”路线的低头钻、弯腰钻、手膝爬行钻。

动作要点：改进已掌握的钻的动作，速度快而灵活。

玩法：在《我是小金鱼》的伴奏下，女孩子手拉手围圈，男孩子在教师的带领下鱼贯“S”路线钻过女孩子拉着的手，随着女孩子手的高度不断变化（与头等高、与肩膀等高、与腰等高），男孩子钻的方式也发生变化（“S”路线低头钻过、弯腰钻过、爬行钻过）。角色互换再玩一次。

注：围圈与钻的幼儿各应有一位教师带领。

（五）情景竞赛游戏：送粮食

队列：分组队列进行钻。

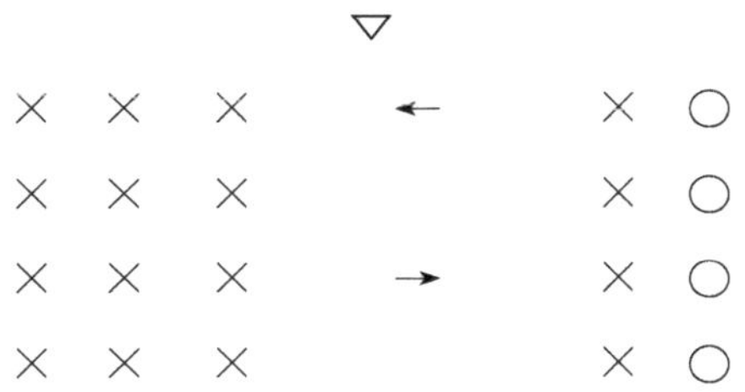

动作练习：巩固各种钻的动作。

动作要点：钻时速度快而灵活。

规则：幼儿需正面钻过手搭的天桥、侧身钻过拱门、手膝爬行钻过布筒隧道把粮食送到终点小动物家，再从旁边返回起点，下一位幼儿开始，依次进行。评出优胜组。

要求：距离 10 米，每个环节每组幼儿保证中高速度 2 次为宜（根据教师观察幼儿表象或测心率而定）。

安全保护：提醒幼儿眼、手、脚协调配合，防止碰撞。

三、结束部分（肢体放松）

队列：分组队列。

动作练习：肢体放松。

动作要点：提醒幼儿心理、身体处于完全放松状态。

放松：

（1）舒缓音乐下，做“请你像我这样做”的游戏进行放松运动。

（2）全身曲线放松。

（3）整队离场。

活动延伸：后退钻、灵活多变钻。

（十）拖拉——轮胎

保定市新华幼儿园　唐　昊　任建杰　提供

内容：车轮运动会。

目标：●锻炼幼儿大肌肉群力量，增强上下肢协调能力。

●在活动当中体验运动的乐趣，并培养幼儿竞争意识。

强度：☆☆☆☆☆

准备：场地 5 米×15 米、口哨、秒表、四项拉力器 3 个（自制）、轮胎车 2 个、即时贴若干。

过程：

一、准备部分

（一）队列及站姿

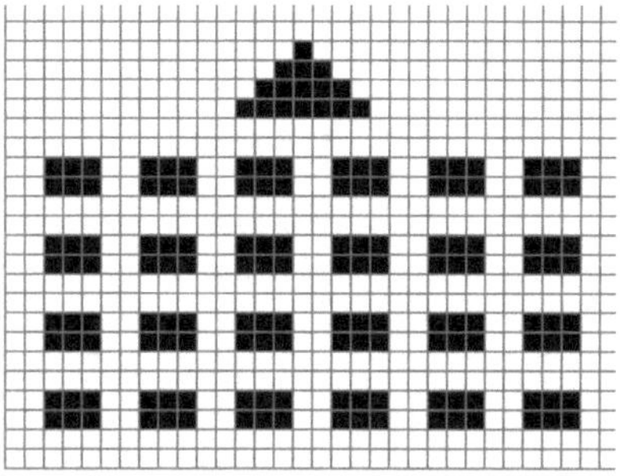

（二）相关部位的活动准备

动作要点：肩→腰→膝→踝→全身。

（三）热身活动

高抬腿趣味训练。

（四）动作练习

（1）拖。

动作要领：将绳索套置肩膀，前腿屈膝，后腿伸直蹬地，上半身向前倾斜，重心置于前脚，向前方拖拽。

注意事项：注意重心前倾，双脚站稳，避免拖拽时摔倒。

（2）拉。

动作要领：双手握紧绳索，双腿前后开立并微曲，重心向后，手臂与前脚同时用力向后进行拉拽。

注意事项：注意重心向后，双脚站稳，避免拉拽时摔倒。

二、基本部分

游戏 1．四向拉力赛。

规则：两队幼儿用所学习的技能进行对抗比赛，每队每次派出一男一女参加，对抗开始时分别站立于起点线上，教师发出“开始”口令后，4 名幼儿向自己前方的白线出发，双脚均超过白线的幼儿获胜。

要求：两队幼儿分别用所学动作进行游戏。拖，需身体前倾弓步；拉，需重心放在后面，双脚用力。

安全保护：教师根据幼儿具体情况，调整对抗比赛阵容，保证每组对抗的平等性。在对抗时，注意双脚位置，保持重心不被拉倒。

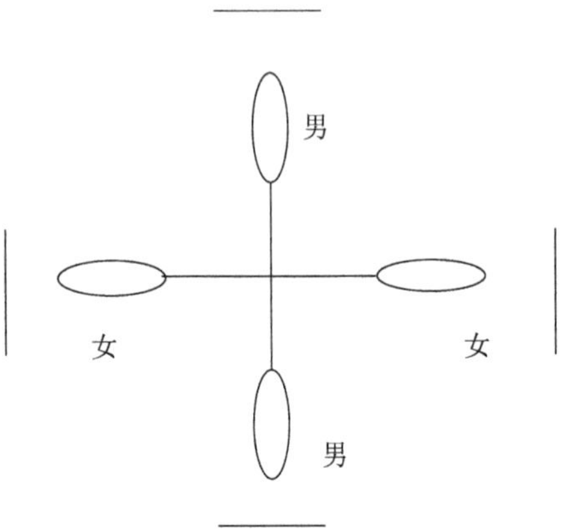

游戏 2. 轮胎拉力赛。

规则：两名幼儿一组从起点出发。一名幼儿将坐在轮胎车上的幼儿拉至折返点后，角色互换返回起点，将车交给下一组幼儿，游戏依次进行。最后一组幼儿先回到起点的队伍为优胜。

要求：每名幼儿在拉动轮胎时，需运用所学动作，稳定安全地拖拉至折返点并返回。

保护：幼儿在拉动轮胎时，注意用力均匀，避免轮胎车侧翻。坐在车里的幼儿注意重心前倾双脚离开地面，双手扶好轮胎车边缘。

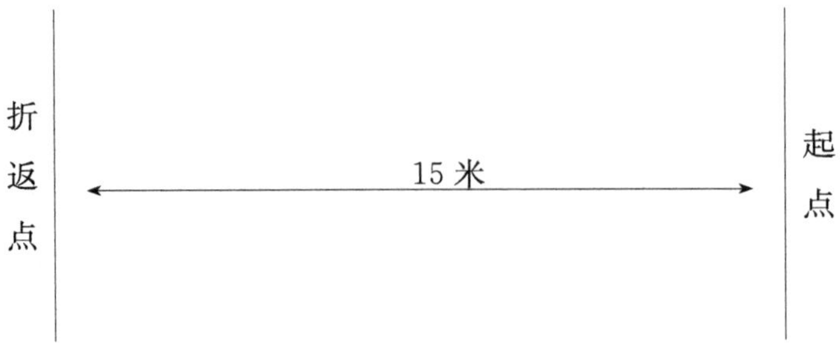

游戏 3. 拉人大比拼。

规则：两名幼儿一组，全体幼儿从指定地点出发。当教师发出“开始”口令后，幼儿跑至贴有标志的教师面前，用拖或拉的动作将教师拉到指定地点，先将贴有本队标志的教师全部拉回指定地点的队为优胜。

要求：幼儿在拖拽时需用所学技能，两名幼儿需合力，方向一致。

安全保护：幼儿在拖拉教师时需注意双脚位置，不要与教师双脚交叉，以免摔倒。

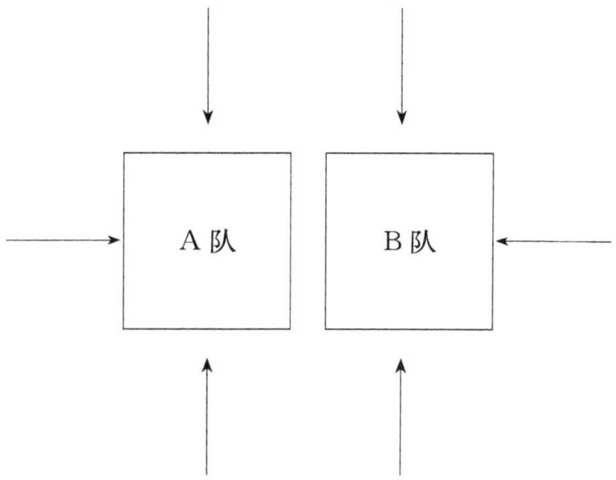

三、结束部分

幼儿向参加游戏的教师道谢并送回，幼儿双手捶腿，跺跺脚，踏步并深呼吸。

活动延伸：花样拖轮胎比赛。

（十一）走——多人合作走

保定市新华幼儿园　贾淑新　提供

内容：好玩的松紧带。

目标：●学习多人合作运动走的技能，发展身体的平衡能力及下肢肌肉力量。

●培养幼儿不怕困难、团结协作的品质。

强度：☆☆☆☆☆

准备：细松紧带若干、垫子、拱形门、椅子、音乐《甩葱歌》。

过程：

一、准备部分

（一）队列站姿

全班一个跟着一个地一路纵队入场听音乐《甩葱舞》，进场围成一个圆圈。

（二）相关部位的活动准备

动作要点：伸展运动、体转运动、踢腿运动、跳跃运动、整理运动。

（三）下肢活动的动作练习

队列：由一路纵队变成两路纵队。

××××××××××××

▲

××××××××××××

以“小蜈蚣学走路”的情节，学习多人合作向前走的动作。

动作练习：双人合作—三人合作—四人合作—五人合作—全体合作。

动作要点：前后幼儿手拉松紧带，并能配上口令：“左右左”“一二一”。

（1）两人为一只小蜈蚣，练习向前走，并能配上口令：“左右左”“一二一”等。

（2）以“蜈蚣长大”为口令，练习三人、四人、五人走，要求动作协调，步伐一致。

提示语：小蜈蚣可以站着走，还可以蹲着走，大家试一试。

（3）幼儿连在一起，沿场地走一圈，并配上儿歌“小蜈蚣，学走路，许多只脚不打架，喊声口令齐步走，一二一，向前走”。

（4）练习脚受束缚向前走的动作。

出示脚环，讲解戴法。

动作要点：幼儿五人一组，戴上脚环。

规则：一组接一组地练习走路。

要求：步伐一致，并配有口令“一二一”。

安全保护：提醒幼儿注意安全，防止速度过快，一名幼儿摔倒，其余幼儿也可能被拽倒。

二、基本部分（蜈蚣练本领）

（一）多人合作走练习

设计 3 个情景：草地（软垫）、山洞（拱形门）、树林（椅子）。

队列：分组进行。

动作练习：多人合作运动走，教师给予指导。

动作要点：合作运动走过程中要防止摔倒，学会保护自己。

（二）蜈蚣走路比赛

队列：

五人一组，分成四组。

动作练习：练习多人合作运动，过草地、钻山洞、绕树林。

动作要点：比哪组走得最快、最稳。

规则：多人合作按路线前行。

要求：每个环节，每组幼儿保证共同完成，绕过树林走回起点。距离 20 米，运动频率 3—5 次。

保护：提醒幼儿要照顾好其他小朋友，不要相互扭拽，并配有口令“一二一”。

三、结束部分（肢体放松）

队列：自由四散。

动作练习：肢体放松。

动作要点：坐在垫上，解下脚环，做放松动作。

（1）腿部按摩。

（2）平躺抬腿抖动。

（3）整队离场。

备注：

（1）运动中，幼儿积极、主动，兴趣盎然，尽管动作技能有一定的难度，但幼儿不怕困难，勇于探索，教师要积极鼓励。

（2）比赛中，幼儿为了追求名次，往往忽略了动作的一致性，这点需要强调，同时要提醒幼儿注意安全。

（十二）跳——单双脚交替跳

保定市新华幼儿园　贾淑新　提供

内容：会变的金箍棒。

目标：●锻炼单脚、双脚交替跳的技能，增强幼儿腿部肌肉力量。

●培养幼儿动作的灵活性和协调性，鼓励幼儿与纸棒一起快乐游戏。

强度：☆☆☆☆

准备：50厘米的玉米秸秆（可用报纸棒代替）50根，《众人划桨开大船》《兔子舞》音乐，红、蓝即时贴纸若干，哨子1个。

过程：

一、准备部分

（一）队列及站姿

×　×　×　×
×　×　×　×
×　×　×　×
×　×　×　×
×　×　×　×
▲

幼儿划船进场（放音乐）。

（二）相关部位的活动准备

动作要点：伸展运动、体转运动、踢腿运动、跳跃运动、整理运动。

（1）下肢活动的动作练习。

队列：

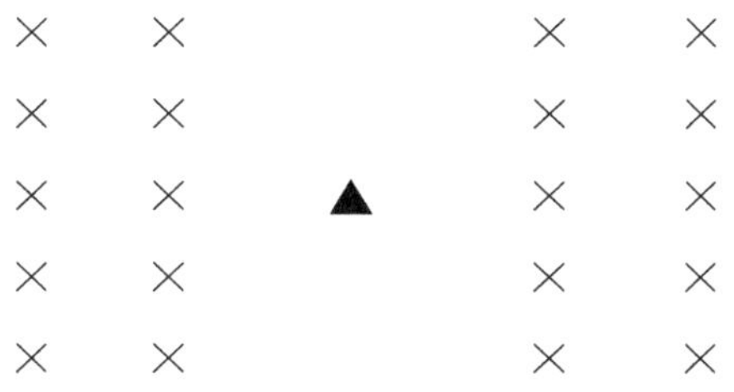

动作练习：单脚跳、双脚跳。

动作要点：单脚跳时单脚起跳，支撑腿弯曲，重心下移。起跳时向上摆动双臂，起跳腿上移，支撑腿蹬地。双脚跳时双脚与肩同宽，脚尖向前，双臂尽量向后，膝盖弯曲，呈半蹲状态，双臂用力向前抡起，双腿用力向前上方跳起，在空中双臂随抡起的动作举高过头顶，躯干使劲向前，致使躯干伸展。

互动环节：

老师："小朋友们，你们知道报纸棒还可以做什么吗？"

小朋友各抒己见，集体发现、探索与报纸棒做游戏。

老师总结得出报纸棒还可以搭建小房子。

小朋友与老师一起搭建小房子。

（2）《跳房子》。

单脚、双脚交替跳。

动作要点：幼儿跳到一个格时单脚跳，两个格时双脚跳。

规则：一个接着一个地进行练习。

要求：跳房子的时候不要踩到报纸棒，一名幼儿跳完下一名幼儿再跳。

安全保护：提醒幼儿在跳房子的时候一定要等前面的小朋友跳完后自己再跳，防止两个小朋友发生碰撞。

二、基本部分

（一）我的本领大

队列：分组进行。

动作练习：单脚、双脚交替跳。

动作要点：幼儿一定要按房子的单格和双格进行单脚、双脚跳。

要求：学说儿歌“小妞妞，红鞋子，穿着红鞋跳房子，左脚一跳紫茄子，右脚一跳红桃子”。

玩法：游戏开始，幼儿齐念儿歌，之后请幼儿将房子里的物品拿出来，幼儿跳到一个格时单脚跳，两个格时双脚跳，把取出的物品送到相应的筐子里。

规则：脚不能踩线，物品不能乱放。

（二）拯救猪宝宝

队列：分组队列，单双脚交替跳。

动作练习：巩固单脚、双脚交替跳动作。

动作要点：在跳的过程中注意保持距离，不要碰到别的小朋友。

规则：先跳完的幼儿一定要等全体幼儿都跳完，才能拆掉房子。

要求：每位幼儿一定要单双脚交替进行，按房子的格子跳。进行次数至少2个轮回。

安全保护：提醒幼儿不准推前面的小朋友，同时保护好自己。

创设情景，体验爱的情感。

过渡：猪妈妈遇难，说她的猪宝宝被大灰狼抓住了，关在了大灰狼的房子里，现在需要我们帮助拯救猪宝宝，你们愿意吗？

交代：我们分成两队，一队是超人队、一队是福娃队，我们一起去大灰狼的家营救猪宝宝，找到猪宝宝后必须由你们全体队员一起把他们救出来，而且需要把大灰狼的家拆掉，明白吗？拯救大行动开始啦！（我们出发吧！）

队员们救回猪宝宝后高呼：我们胜利啦！我们胜利啦！

三、活动结束

队列：任何形式。

动作要点：集体跳报纸棒舞，将活动推向高潮，庆祝胜利。

老师：请队员们护送我们的猪妈妈和猪宝宝回家吧！（猪妈妈、猪宝宝和队员们拥抱并致谢。）

（十三）平衡——头顶物平衡走

保定市新华幼儿园　贾淑新　提供

内容：小猴走钢丝。

目标：●锻炼幼儿的平衡能力，练习头顶沙包平衡走。

●理解在活动中规则意识的重要并学会遵守。

强度：☆☆☆

重点：练习头顶沙包平衡走。

难点：掌握练习头顶沙包平衡走的动作要领。

准备：沙包（重 500 克）若干，平衡木 3 条。

过程：

一、准备部分

（一）队列及站姿

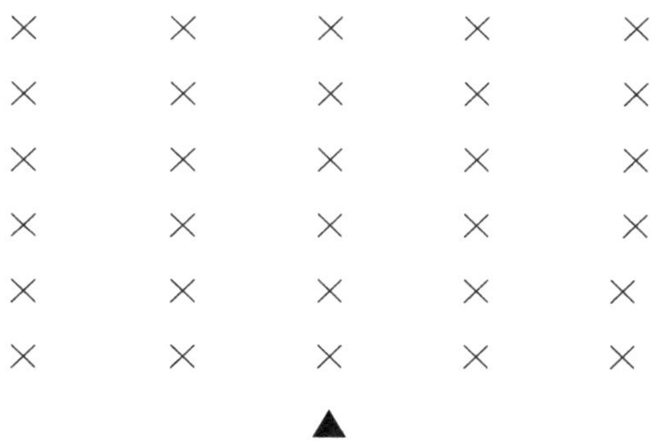

（二）相关部位的活动准备工作

幼儿排成六列横队，扮演马戏团里的小猴，在乐曲的伴奏下，进行热身活动：扩胸—腹背—跳跃—整理。

（三）教师和幼儿集体探讨怎样可以运沙包过钢丝

（1）单手平托沙包过钢丝。

（2）双手平托沙包过钢丝。

（3）两手高举过头托着沙包过钢丝。

动作要点：双手保持平衡，眼睛平视前方。

规则：幼儿一个接着一个地进行练习。

要求：速度缓慢，动作到位。

安全保护：提醒幼儿注意安全，一步一步走，不要着急，走路平稳。

二、基本部分（小猴走钢丝）

（1）教师启发提问：你们会不会把沙包顶在头上向前走？想一想怎样做才能不用手扶沙包也掉不下来？

队列：分组进行。

动作练习：头顶物平衡走。

动作要点：身体要站直，眼睛向前看，走时保持平稳。

（2）重点练习，难点指导。

教师启发提问：要正式表演了，怎样才能顶着沙包安全走完钢丝（平衡木）？

队列：分组—集体。

动作练习：增强头顶物平衡走的难度。

要求：走时不要太快，脚步要踩稳。

（3）介绍走钢丝的玩法。

队列：一、二组，三、四组，五、六组分别站在对面的起点后。

要求：听到敲铃鼓的声音后，一、三、五组幼儿头顶沙包走过平衡木，交给二、四、六组排头的幼儿，然后站队尾；二、四、六组排头照此方法将沙包交至对面一、三、五组的第二名幼儿，依次进行迎面接力，先走完的一队为胜。

规则：走路过程中，不能用手扶沙袋，走平衡木时不能踩线，对面幼儿要接过沙包顶在头上才能开始走。

安全保护：提醒幼儿注意安全，双臂保持身体平衡。

三、结束部分（肢体放松）

队列：任何形式。

动作练习：肢体放松。

动作要点：提醒幼儿全身完全放松。

放松：

（1）幼儿随轻松愉快的音乐做一些放松动作。

（2）沙包捶背。

（3）整队离场。

活动延伸：教师可利用沙包开展一些运动量稍大的活动。例如：把沙包堆成小山或一定图形，让幼儿助跑跨跳。

（十四）跑——快速跑

保定市新华幼儿园　贾淑新　提供

内容：好玩的报纸。

目标：●增强幼儿无氧运动的能力，提高幼儿心肺功能，掌握快速跑的动作要领。

●体验与同伴团结协作的愉悦以及参与创造性活动的快乐。

强度：☆☆☆☆☆

准备：

（1）知识经验准备：学习儿歌《小报纸》。

（2）物质准备：组织儿童收集旧报纸、音乐磁带、录音机。

过程：

一、准备部分（引起动机阶段）

（一）队列及站姿

两路纵队变成两个大圆圈。

通过儿歌和游戏导入，激发儿童参与活动的兴趣。相互介绍自己请来的报纸伙伴。

（二）相关部位的准备活动

动作要点：边念儿歌边做模仿动作，活动踝关节、膝盖、肩、腰等部位。

（三）下肢活动的动作练习

热身活动：挤坐垫。将报纸当坐垫摆成圆圈（报纸数少于幼儿人数）。音乐开始，儿童随意做各种动作绕圆圈走。音乐停，儿童挤坐垫。

二、基本部分（我和报纸玩游戏）

引导幼儿主动活动，感知快速跑的动作要领。

（1）探索活动：不让报纸掉下来。

队列：分组进行。

× × × ×
× × × ×
× × × ×
× × × ×
× × × ×
▲

动作练习：感知快速跑的动作要领，将报纸平贴在幼儿胸前，双腿交替用力向前跑，摆臂频率加快。

动作要点：不要让报纸掉下来。

规则：从一组接一组地进行练习到两组和多组练习。

安全保护：提醒幼儿在快速奔跑的时候知道躲闪，不要碰到别的小朋友。

教师：请你们把报纸放在身体的随便哪个地方，不让报纸掉下来，但是又不能用手帮助，看看谁最能干。（儿童自由探究。）

（2）观摩个别儿童的玩法。

（3）感知快速跑：将报纸置于胸前奔跑，尽量不让报纸落地（比赛形式）。

队列：

× × × × × × × ×
▲
× × × × × × × ×

动作练习：带报纸快速跑。

动作要点：脚掌落地大步跑，握拳摆臂快快跑。

要求：速跑距离 30 米，把握强度和密度的搭配。

（4）集体练习快速跑。

队列：自由形式。

动作练习：巩固带报纸快速跑。

动作要点：在奔跑过程中能灵活躲闪。

规则：小朋友利用带报纸快速跑的形式来反复练习动作技能。

（5）探索、创编各种跑的游戏。

讨论：除了快速跑，我们还可以怎样跑？我们以前玩过哪些跑的游戏？在玩跑的游戏时，我们可以用报纸做什么？

鼓励、引导儿童自由结伴，利用报纸创编各种跑的游戏。（如追逐跑的游戏“捉尾巴”：将报纸折成长条插入裤腰作“尾巴”；越过障碍跑的游戏“小马过河”：将报纸拧成麻花状摆成平行线作“小河”；以及几种跑的综合游戏等。）

三、结束部分（肢体放松）

放松整理活动。

队列：四路纵队变成一路纵队。

动作练习：肢体放松。

动作要点：提醒幼儿在心理、身体完全放松状态下进行深呼吸。

放松：

（1）将报纸堆成“篝火”，随音乐围着“篝火”舞蹈。

（2）组织幼儿整理场地。活动结束。

备注：

（1）引导幼儿将创编的游戏运用到日常锻炼活动中。

（2）继续探索各种跑的游戏。

附：儿歌《小报纸》

小报纸，长方方，变来变去真稀奇。

一二三，三二一，一二三四五六七。

变成帽子头上戴，变成箱子肩上扛。

变成鞋子脚上穿，变成垫子地上坐。

哈哈——！哈哈——！真—好—玩—！

（十五）滚——横躺滚

保定市新华幼儿园　贾淑新　提供

内容：狮子舞会。

目标：●在地垫上探索各种滚动的动作，初步掌握横躺滚动作，发展身体的灵活性、协调性。

●培养合作精神，体验集体活动的快乐。

强度：☆☆☆

准备：地垫（长、宽各50厘米）幼儿人手1块，废旧横幅4条，红、黄、蓝、绿各队标志若干，录音机，《舞狮子》音乐磁带。

过程：

一、准备部分

（一）队列

一路纵队入场。

（1）幼儿听音乐小跑步入场集合。

（2）带领幼儿绕地垫蛇形跑和绕场跑。

（二）相关部位的活动准备

幼儿呈散点式队形在教师的带领下做热身操，模仿游泳、举重、投篮、自由体操等动作。

二、基本部分（狮子打滚）

（一）滚动做练习

幼儿将地垫拼接在一起，分组在地垫一端排队，尝试做各种不同的滚动动作。

队列：分组进行。

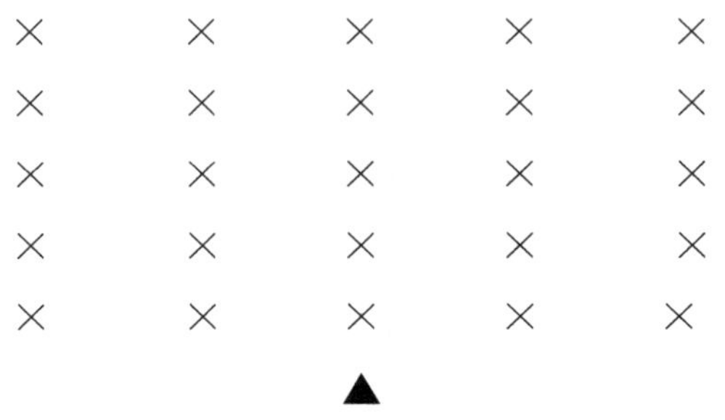

动作练习：尝试不同滚的动作。

动作要点：提醒幼儿在滚动的过程中保护好头部。

安全保护：在没有教师保护的情况下不允许做前滚翻。

（二）横躺滚

动作要点：手脚伸直，和身体保持一条直线，然后滚动。

规则：一个跟着一个进行练习。

要求：一个幼儿滚完另一名幼儿再做。

安全保护：提醒幼儿在横躺滚的过程中保护好自己的头，并且提醒其他小朋友不要碰到正滚动的幼儿。

（三）看谁滚得快

队列：分组—集体。

动作练习：巩固横躺滚动作。

动作要点：手脚伸直，和身体保持一条直线。

规则：幼儿呈四路纵队，按顺序在地垫上做横躺滚动作，根据全组幼儿完成动作的累计时间，在记分牌上记录成绩：第一名 4 分、第二名 3 分、第三名 2 分、第四名 1 分。竞赛共进行 2 次，引导幼儿计算 2 次竞赛的总成绩，最后向胜利队颁发红旗。

要求：幼儿连贯地进行横躺滚。

保护：提醒幼儿手、眼协调配合。

三、结束部分（肢体放松）

队列：小组形式。

动作练习：肢体放松。

动作要点：全身心放松。

放松：

（1）游戏：舞狮子。全体幼儿合作将彩绸连接成长条，玩“舞狮子”游戏。方法是将彩绸举过头顶，小碎步蛇形走或螺旋形走，然后请部分幼儿举彩绸，其他幼儿绕着同伴蛇行前进。

（2）在抒情、柔美的音乐声中，幼儿一手拿彩绸，一手做划船动作，活动在愉快的气氛中结束。

（3）整队离场。

（十六）爬——攀爬

保定市新华幼儿园　任建杰　提供

内容：小小采药人。

目标：●锻炼幼儿上肢肌肉耐力和力量，提高手、脚协调能力。

●在活动当中体验合作运动的乐趣。

强度：☆☆☆☆☆

准备：背篓 20 个、小花数朵、攀登架、音乐。

过程：

一、准备部分

（一）队列及站姿

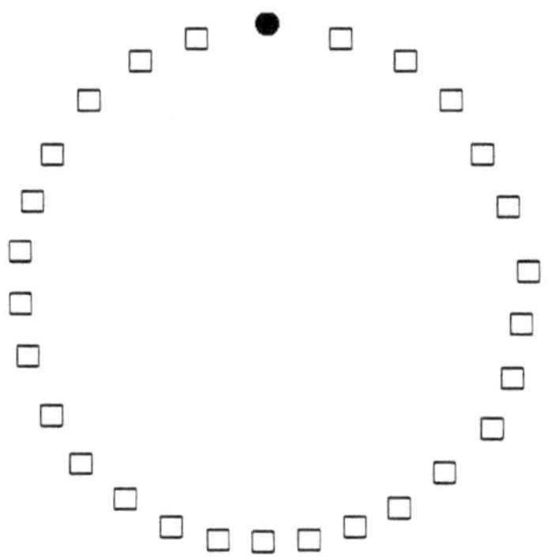

（二）注意力与反应能力练习

边听音乐边快步行进走，教师在音乐空拍时说出规定做的动作。幼儿随即站住并做教师所说的相应动作，重点做上肢关节的练习。

（三）相关部位热身活动

走：大幅度摆臂，有力地向前走 50 米。

跑：小步跑，同时双拳放在肩上，双臂屈肘旋转。

抻拉：活动四肢各关节，脊背保持平直，上体前倾，双臂伸直用力向后上方挥动；双臂上举，向各个方向抻拉，同时踮起脚后跟，重复 6—8 次。

二、基本部分

（一）过河采药

要求：队伍分为两组，幼儿两两结组，双脚踩在河的两岸，相对伸出双手紧握，重心向后，身体绷直，从起点走至终点慢慢横移，走到终点采到药后再从另一侧跑回，可反复练习。

动作要点：双手一定要握紧对方的手，胳膊伸平，身体后倾，上肢用力。双眼盯视前方来判断脚是否踩在河岸上。

规则：没有配合默契，掉进河中的幼儿要从起点重新开始。

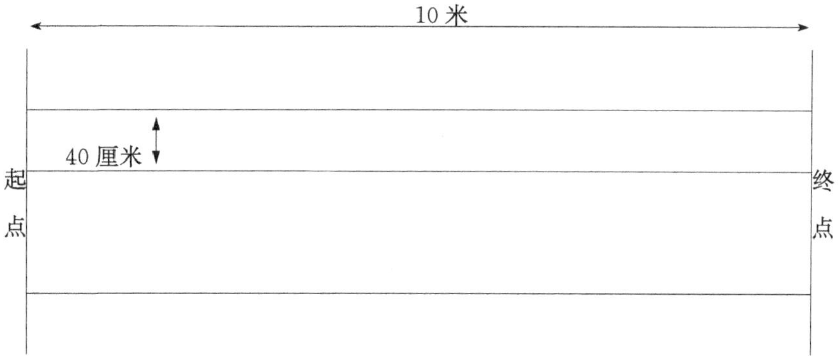

（二）上山采药

动作要点：双手正握杠，手臂交替屈伸，双腿配合上肢动作上蹬或平移。

玩法：引领幼儿来到“大山下”（攀登架）。教师：“我们已经来到了大山下，在山顶上有一种非常珍贵的药材，只有最勇敢的采药人才能采到它。”教师示范向上攀爬的动作，幼儿背小背篓踩在最下层的攀登架上，找到适合自己的高度双手握紧，身体后倾，顺时针进行平移练习。当听到教师的口哨声再逆时针练习，最后听到哨声便向上攀爬，到攀登架顶层采下药材放入背篓中。

要求：手抓牢，脚往上蹬，一步步往上（往前）爬行。转弯时手抓紧，一脚向外跨出并找到支撑点踩住，另一脚再跟出。

安全保护：平移练习时提醒幼儿不要推挤，要和前面幼儿保持一定距离。

三、结束部分

放松：

（1）幼儿收集背篓，整理物品，向同伴展示自己采药的成果，分享成功的喜悦。

（2）坐成圆圈，深呼吸，轻敲肩部并按摩手臂，一起说一说自己采药的过程。

（3）教师对幼儿在游戏中表现出来的勇往直前的精神进行表扬。

备注：

（1）如果幼儿过多可分两组或更多组分别进行。

（2）背篓应按照幼儿身材的大小来设计，以免给活动带来不便。

活动延伸：攀登墙、爬软梯。

活动延伸：游戏“推小车”

目标：发展幼儿上肢肌肉力量。

玩法：一名幼儿扮演小推车，双手伸直撑地，身体绷直，臀部不要翘起。另一名幼儿扮演推车人，弯腰双手抓住前面幼儿的双脚，小推车双手交替向前移动，两人一起配合向前走，还可以在推车上面放沙包或者玩具等，增加游戏的乐趣。

附录：3—6 岁儿童学习与发展指南（健康部分）

说　明

一、为深入贯彻《国家中长期教育改革和发展规划纲要（2010—2020年）》和《国务院关于当前发展学前教育的若干意见》，指导幼儿园和家庭实施科学的保育和教育，促进幼儿身心全面和谐发展，制定《3—6 岁儿童学习与发展指南》（以下简称《指南》）。

二、《指南》以为幼儿后继学习和终身发展奠定良好素质基础为目标，以促进幼儿在体、智、德、美各方面的全面协调发展为核心，旨在引导幼儿园教师和家长树立正确的教育观念，了解 3—6 岁幼儿学习与发展的基本规律和特点，建立对幼儿发展的合理期望。

三、《指南》将幼儿的学习与发展分为健康、语言、社会、科学、艺术 5 个领域。每个领域按照幼儿学习与发展最基本、最重要的内容划分为若干方面。每个方面由学习与发展目标、教育建议两部分组成。

学习与发展目标部分分别对 3—4 岁、4—5 岁、5—6 岁三个年龄段末期幼儿应该知道什么、能做什么，大致可以达到什么发展水平提出了合理期望；教育建议部分针对幼儿学习与发展目标，列举了一些能够有效帮助和促进幼儿学习与发展的教育途径与方法。

四、实施《指南》应坚持以下几个原则：

（1）遵循幼儿的发展规律和学习特点。珍视幼儿生活和游戏的独特价值，充分尊重和保护其好奇心和学习兴趣，创设丰富的教育环境，合理安排一日生活，最大限度地支持和满足幼儿通过直接感知、实际操作和亲身体验获取经验的需要，严禁“拔苗助长”式的超前教育和强化训练。

（2）关注幼儿身心全面和谐发展。要注重学习与发展各领域之间的相互渗透和整合，从不同角度促进幼儿全面协调发展，而不要片面追求某一方面或几方面的发展。

（3）尊重幼儿发展的个体差异。既要准确把握幼儿发展的阶段性特征，又要充分尊重幼儿发展连续性进程上的个别差异，支持和引导每个幼儿从原有水平向更高水平发展，按照自身的速度和方式到达《指南》呈现的发展“阶梯”，切忌用一把“尺子”衡量所有幼儿。

一、健康

健康包括身体和心理两个方面，是一种在身体上和精神上的完满状态及良好的适应能力。幼儿阶段是儿童身体发育和机能发展极为迅速的时期，也是形成安全感和乐观态度的重要阶段。发育良好的身体、愉快的情绪、强健的体质、协调的动作、良好的生活习惯和基本生活能力是幼儿身心健康的重要标志，也是其他领域学习与发展的基础。

为有效促进幼儿身心健康发展，成人应为幼儿提供合理均衡的营养，保证充足的睡眠和适宜的锻炼，满足幼儿生长发育的需要；创设温馨的人际环境，让幼儿充分感受到亲情和关爱，形成积极稳定的情绪情感；帮助幼儿养成良好的生活与卫生习惯，提高自我保护能力，形成使其终身受益的生活能力和文明生活方式。

幼儿身心发育尚未成熟，需要成人的精心呵护和照顾，但不宜过度保护和包办代替，以免剥夺幼儿自主学习的机会，养成过于依赖的不良习惯，影响其主动性、独立性的发展。

（一）身心状况

目标 1　具有健康的体态

3—4 岁	4—5 岁	5—6 岁
1. 身高和体重适宜。（参考标准：男孩身高 94.9—111.7 厘米，体重 12.7—21.2 公斤；女孩身高 94.1—111.3 厘米，体重 12.3—21.5 公斤）	1. 身高和体重适宜。（参考标准：男孩身高 100.7—119.2 厘米，体重 14.1—24.2 公斤；女孩身高 99.9—118.9 厘米，体重 13.7—24.9 公斤）	1. 身高和体重适宜。（参考标准：男孩身高 106.1—125.8 厘米，体重 15.9—27.1 公斤；女孩身高 104.9—125.4 厘米，体重 15.3—27.8 公斤）
2. 在提醒下，能自然坐直、站直。	2. 在提醒下，能保持正确的站、坐和行走姿势。	2. 经常保持正确的站、坐和行走姿势。

【教育建议】

（1）为幼儿提供营养丰富、健康的饮食。例如：

·参照《0—6 岁儿童膳食指南》，为幼儿提供谷物、蔬菜、水果、肉、奶、蛋、豆制品等多样化的食物，均衡搭配。烹调方式要科学，尽量少煎炸、腌制、烧烤。

·鼓励幼儿多喝白开水，少喝饮料。

（2）保证幼儿每天睡眠 11—12 小时，其中午睡应达到 2 小时左右；午睡时间可以随幼儿年龄的增长而逐渐减少。

（3）注意幼儿的体态，帮助他们形成正确的姿势。例如：

·提醒幼儿要保持正确的站、坐、走姿势；发现有八字脚、罗圈腿、驼背等骨骼发育异常的情况，应及时就医矫治。

·桌、椅和床要合适。椅子的高度以幼儿写画时双脚能自然着地、大腿基本保持水平状为宜；桌子的高度以写画时身体能坐直，不驼背、不耸肩为宜；床不宜过软。

（4）每年带幼儿进行健康检查。

目标 2　情绪安定愉快

3—4 岁	4—5 岁	5—6 岁
1. 情绪比较稳定，很少因一点小事哭闹不止。 2. 不高兴时能听从成人的哄劝，较快地平静下来。	1. 经常保持愉快的情绪，不高兴时能较快缓解。 2. 需要不能满足时能够接受解释，不乱发脾气。 3. 愿意把自己的情绪告诉亲近的人，一起分享快乐或求得安慰。	1. 经常保持愉快的情绪。知道引起自己某种消极情绪的原因，能努力化解。 2. 表达情绪的方式比较适度，不乱发脾气。 3. 能随着活动的需要较快地转换情绪和注意。

【教育建议】

（1）营造温暖、轻松的心理环境，让幼儿形成安全感和信赖感。例如：

· 保持良好的情绪状态，以积极、愉快的情绪影响幼儿。

· 以欣赏的态度对待幼儿。注意发现幼儿的优点，接纳他们的个体差异，不与同伴做横向比较。

· 幼儿做错事时要冷静处理，不厉声斥责和打骂。

（2）帮助幼儿学会恰当表达和调控情绪。例如：

· 用恰当的方式表达情绪，为幼儿做出榜样。如生气时不乱发脾气。

· 和幼儿一起谈论自己高兴或生气的事，鼓励幼儿与人分享自己的情绪。

· 允许幼儿表达自己情绪，并给予适当的引导。如幼儿发脾气时不硬性压制，等冷静后告诉他什么行为是可接受的；发现幼儿不高兴时，主动问问情况，帮助他们化解消极情绪。

目标3　具有一定的适应能力

3—4岁	4—5岁	5—6岁
1. 能在较热或较冷的户外环境中活动。 2. 换新环境时情绪能较快稳定，睡眠、饮食基本正常。 3. 在帮助下能较快适应集体生活。	1. 能在较热或较冷的户外环境中连续活动半小时左右。 2. 换新环境时较少出现身体不适。 3. 能较快适应人际环境中发生的变化。如换了新老师能较快适应。	1. 能在较热或较冷的户外环境中连续活动不少于半小时。 2. 天气变化时较少感冒，能适应车、船等交通工具造成的轻微颠簸。 3. 能较快融入新的人际关系环境。如换了新的幼儿园或班能较快适应。

【教育建议】

（1）保证幼儿的户外活动时间，提高幼儿适应季节变化的能力。例如：

·每天为幼儿安排不少于2小时的户外活动，其中体育活动时间不少于1小时，季节交替时要坚持。

·因地制宜，过热或过冷的地区可选择温度适当的时间段开展户外活动。

（2）经常与幼儿玩拉手转圈、秋千、转椅等游戏活动，让幼儿适应轻微的摆动、颠簸、旋转，促进其平衡器官机能的发展。

（3）锻炼幼儿适应生活环境变化的能力。例如：

·注意观察幼儿在新环境中的饮食、睡眠、游戏等方面的情况，采取相应的措施帮助他们尽快适应新环境。

·经常带幼儿接触不同的人际环境，如参加亲戚朋友聚会，支持他与不同群体的小朋友游戏等，使幼儿较快适应新的人际关系。

（二）动作发展

目标1　具有一定的平衡能力，动作协调、灵敏

3—4岁	4—5岁	5—6岁
1. 能沿地面直线或在较窄的低矮物体上走一段距离。 2. 能双脚灵活交替上下楼梯。 3. 能身体平稳地双脚连续向前跳。 4. 四散跑时能躲避他人的碰撞。 5. 能双手向上抛球。	1. 能在较窄的低矮物体上平稳地走一段距离。 2. 能以匍匐、膝盖悬空等多种方式钻爬。 3. 能助跑跨跳过一定距离，或助跑跨跳过一定高度的物体。 4. 能与他人玩追逐、躲闪跑的游戏。 5. 能连续自抛自接球。	1. 能在斜坡、荡桥和有一定间隔的物体上较平稳地行走。 2. 能以手脚并用的方式安全地爬攀登架、网等。 3. 能连续跳绳。 4. 能躲避他人滚过来的球或扔过来的沙包。 5. 能连续拍球。

【教育建议】

（1）利用多种活动发展幼儿的身体平衡能力。例如：

·走平衡木，或沿着地面直线、田埂行走。

·玩跳房子、踢毽子、蒙眼走路、踩小高跷等游戏活动。

（2）鼓励幼儿进行跑跳、钻爬、攀登、投掷、拍球等活动，以及跳竹竿、滚铁环等传统体育游戏，发展幼儿动作的协调性和灵活性。

（3）对于拍球、跳绳等技能性活动，不要过于要求数量，更不能机械训练。

目标2　具有一定的力量和耐力

3—4岁	4—5岁	5—6岁
1. 能双手抓杠悬空吊起10秒左右。 2. 能单手将沙包向前投掷2米左右。 3. 能单脚连续向前跳2米左右。	1. 能双手抓杠悬空吊起15秒左右。 2. 能单手将沙包向前投掷4米左右。 3. 能单脚连续向前跳5米左右。	1. 能双手抓杠悬空吊起20秒左右。 2. 能单手将沙包向前投掷5米左右。 3. 能单脚连续向前跳8米左右。

续表

3—4 岁	4—5 岁	5—6 岁
4. 能快跑 15 米左右。 5. 能行走 1 千米左右（途中可适当歇歇、停停）。	4. 能快跑 20 米左右。 5. 能连续行走 1.5 千米左右（途中可适当停歇）。	4. 能快跑 25 米左右。 5. 能连续行走 1.5 千米以上（途中可适当停歇）。

【教育建议】

（1）开展丰富多样、适合幼儿年龄特点的各种身体活动，如走、跑、跳、攀、爬等，鼓励幼儿坚持下来，不怕累。

（2）日常生活中鼓励幼儿多走路、少坐车；自己上下楼梯，自己背包。

目标 3　手的动作灵活协调

3—4 岁	4—5 岁	5—6 岁
1. 能用笔涂涂画画。 2. 能熟练地用勺子吃饭。 3. 能用剪刀沿直线剪，边线基本吻合。	1. 能边线较直地画出简单图形，或能边线基本对齐地折纸。 2. 能用筷子吃饭。 3. 能沿轮廓线剪出由直线构成的简单图形，边线吻合。	1. 能根据需要画出图形，线条基本平滑。 2. 能熟练使用筷子。 3. 能沿轮廓线剪出由曲线构成的简单图形，边线吻合且平滑。 4. 能使用简单的劳动工具或用具。

【教育建议】

（1）创造条件和机会，促进幼儿手的动作灵活协调。例如：

• 提供画笔、剪刀、纸张、泥团等工具和材料，或充分利用各种自然、废旧材料和常见物品，让幼儿进行画、剪、折、粘等美工活动。

• 引导幼儿生活自理或参与家务劳动，发展其手的动作。如练习自己用筷子吃饭、扣扣子，帮助妈妈择菜叶、做面食等。

• 幼儿园在布置娃娃家、商店等活动区时，多提供原材料和半成品，让幼儿有更多机会参与材料制作。

（2）提醒幼儿注意安全。例如：

·为幼儿提供的塑料粒、珠子等活动材料要足够大，材质要安全，以免造成异物进入气管、铅中毒等伤害。

·为幼儿示范正确地拿筷子、握笔的姿势和使用剪刀、锤子等工具的方法。

·提醒幼儿不要拿剪刀等锋利工具玩耍，用完后要放回原处。

（三）生活习惯与生活能力

目标 1　具有良好的生活与卫生习惯

3—4 岁	4—5 岁	5—6 岁
1. 在提醒下，按时睡觉和起床，并能坚持午睡。 2. 喜欢参加体育活动。 3. 在引导下不偏食、挑食。喜欢吃瓜果、蔬菜等新鲜食品。 4. 愿意饮用白开水，不贪喝饮料。 5. 不用脏手揉眼睛，连续看电视不超过 15 分钟。 6. 在提醒下，每天早晚刷牙。	1. 每天按时睡觉和起床，并能坚持午睡。 2. 喜欢参加体育活动。 3. 不偏食、挑食，不暴饮暴食。喜欢吃瓜果、蔬菜等新鲜食品。 4. 常喝白开水，不贪喝饮料。 5. 知道保护眼睛，不在过强或过暗的地方看书，连续看电视不超过 20 分钟。 6. 每天早晚刷牙且方法基本正确。	1. 养成每天按时睡觉和起床的习惯。 2. 能主动参加体育活动。 3. 吃东西时细嚼慢咽。 4. 主动饮用白开水，不贪喝饮料。 5. 主动保护眼睛。不在过强或过暗的地方看书，连续看电视不超过 30 分钟。 6. 每天早晚主动刷牙，方法正确。

【教育建议】

（1）让幼儿保持有规律的生活，养成良好的作息习惯。如早睡早起，每天午睡，按时进餐，保证吃好早餐等。

（2）帮助幼儿养成良好的饮食习惯。例如：

·合理安排餐点，为幼儿提供营养均衡的膳食。

·帮助幼儿了解食物的营养价值，引导他们不挑食不偏食、少吃或不吃不利于健康的食品；多喝白开水，少喝饮料。

· 吃饭时不过分催促，提醒幼儿细嚼慢咽。

（3）帮助幼儿养成良好的个人卫生习惯。例如：

· 早晚刷牙、饭后漱口；无牙刷、牙膏时可用盐水代替。

· 勤为幼儿洗澡、换衣服、剪指甲。

· 提醒幼儿保护五官，如不乱挖耳朵、鼻孔，不用脏手揉眼睛，看电视时保持 3 米左右的距离等。

（4）激发幼儿参加体育活动的兴趣，养成锻炼的习惯。例如：

· 为幼儿准备一些体育活动材料，如皮球、跳绳、毽子等。

· 经常和幼儿一起在户外运动和游戏，同时支持幼儿和同伴一起开展体育活动。

· 和幼儿一起观看有关体育活动的赛事或电视节目，培养他对体育活动的兴趣。

目标 2　具有基本的生活自理能力

3—4 岁	4—5 岁	5—6 岁
1. 在提醒下，饭前便后能洗手。 2. 在帮助下能穿脱衣服或鞋袜。 3. 能将玩具和图书放回原处。	1. 饭前便后能主动洗手，方法正确。 2. 能自己穿脱衣服、鞋袜、扣纽扣。 3. 能整理自己的物品。	1. 能根据冷热增减衣服。 2. 会自己系鞋带。 3. 能按类别整理好自己的物品。

【教育建议】

（1）鼓励幼儿做力所能及的事情，不论幼儿做得好坏都给予适当的肯定，不因做不好或做得慢而包办代替，以免剥夺他发展自理能力的机会。

（2）教给幼儿生活自理的基本方法，如穿脱衣服和鞋袜、洗手洗脸、擦鼻涕、擦屁股的正确方法。

（3）提供有利于幼儿生活自理的条件。例如：

· 提供一些纸箱、抽屉，供幼儿收拾和存放自己的玩具、图书或生活用品等。

· 幼儿的衣服、鞋子等要简单实用，方便自己穿脱。

目标3　具备基本的安全知识和自我保护能力

3—4 岁	4—5 岁	5—6 岁
1. 不跟陌生人走，不吃陌生人给的东西。 2. 在提醒下能注意安全，不做危险的事。 3. 在公共场所走失时，能向警察或有关人员说出自己的名字、家庭地址、家长的名字或电话号码。	1. 在公共场合不远离成人的视线单独活动。 2. 认识常见的安全标志，能遵守安全规则。 3. 运动时能主动躲避危险。 4. 知道简单的求助方式。	1. 未经大人允许不给陌生人开门。 2. 能自觉遵守基本的安全规则和交通规则。 3. 运动时能避免给他人造成危险。 4. 知道一些基本的防灾知识。

【教育建议】

（1）提供安全的生活环境和必要的保护措施。例如：

• 要把热水瓶、药品、火柴、刀具等物品放到幼儿够不到的地方；阳台或窗台要有安全保护措施；要使用安全的电源插座等。

• 在公共场所要注意照看好幼儿；幼儿乘车、乘电梯时要有成人带领；不能把幼儿单独留在家里或汽车里等。

（2）结合生活实际对幼儿进行安全教育。例如：

• 外出时提醒幼儿要紧跟成人，不远离成人的视线，不跟陌生人走，不吃陌生人给的东西；不在河边和马路边玩；要遵守交通规则等。

• 帮助幼儿了解周围环境中不安全的事物，不做危险的事。如不动热水壶，不玩火柴或打火机，不摸电源插座，不攀爬窗户或阳台等。

• 帮助幼儿认识常见的安全标志，如小心触电、小心有毒、禁止下河游泳、紧急出口等。

（3）教给幼儿简单的自救和求救的方法。例如：

• 记住自己家庭的住址和电话、父母的姓名和单位，一旦走失知道向成人求助，并能提供必要信息。

• 遇到火灾或其他紧急情况时，知道要拨打 110、120、119 等求救电话。

• 可利用图书、音像等材料对幼儿进行逃生和求救方面的教育，并运用游戏方式模拟练习。

幼儿园应定期进行火灾、地震等自然灾害的逃生演习。

小贴士（教师必读）

（一）关于健康

1948 年，世界卫生组织（WHO）在成立宣言中明确提出健康还包括精神因素。由于这个定义较为全面，有力地指导了人们的养生实践，在以后的 40 年的时间里世界的平均寿命提高了 30 岁左右。20 世纪 90 年代环境污染日益严重，故在对健康的定义中又加了环境因素，健康的定义更为全面。之后短短 10 年中，世界的平均寿命又提高了 10 岁左右。从中可以看出养生需要正确的观念来指导。20 世纪末，在世的 80 多位诺贝尔奖获得者齐聚纽约，讨论“21 世纪人类最重要的是什么”。对于这一问题，这些人类精英、智慧之星共同的结论是：健康！

健康的定义：健康是指身体健康、心理健康和具有良好的适应能力。对此世界卫生组织提出了健康的 10 个标志：

（1）情绪乐观，从容不迫，勇于承担责任。

（2）具有旺盛的精力，能够从事日常的社会、学习和工作不感到有压力。

（3）应变能力强，能够很好地适应环境的变化。

（4）善于修养精力，睡眠好。

（5）具有抵抗一般疾病和传染病的能力。

（6）体重适中标准，不胖不瘦，身体好。

（7）眼睛明亮且反应灵敏。

（8）头发具有光泽而少有头屑。

（9）牙齿清洁无空洞，无痛感，无牙龈出血。

（10）皮肤有光泽有弹性，走路感觉轻松。

（二）关于亚健康

亚健康的定义：人的机体虽然无明显疾病，但呈现出活力降低，适应力不同程度减退的一种生理状态。（我国15％的人处于疾病状态，15％的人处于健康状态，70％的人处于亚健康状态。）

亚健康的主要表现：

1. 躯体亚健康

躯体慢性疲劳，疲劳乏力、头痛头晕、失眠多梦、脸色无华、神情黯淡、腰酸背痛、夜尿增多、性功能低下等症状。

2. 心理亚健康

最常见的是焦虑，主要表现为担心恐慌。担心和恐慌是一种发自内心的不安，这种惊声状态若持续存在，无法自我解脱和控制，就会进入心理障碍和心理疾病阶段。除焦虑症状外，还有烦躁、易怒、嫉妒、反应迟钝等多种表现形式。焦虑症者常常觉得危机四伏，且认为自己没有能力解决这些问题，陷于焦虑沉思时，便会出现心悸不安、慌乱，进而手足无措，无所适从。

3. 情感亚健康

随着社会的进步、竞争的激烈，人们在人际交往上出现的问题越来越多，情感亚健康问题也愈发突出。主要表现为冷漠、无望、溺爱、疲惫、机械，同周围人之间的心理距离变大，交往频率下降，人与人之间的关系不稳定。对情感亚健康问题的初步研究发现，人们受教育程度的提高，独立意识和自我意识的增强，信息来源接受的广泛、及时和量的充足，个性发展的多样化，这些都会导致人际关系的淡化。孤独、冷漠、自卑、猜疑、自闭，更是在人与人之间竖起了一道道屏障，这也是现代人患心理障碍和疾患人数多的一个原因。在这种情况下有很多人患上了感情饥饿症和社会不适应症，特别是年纪稍大的人会产生一种被社会抛弃和遗忘的强烈孤独感。

4. 思想亚健康

指人们的世界观、人生观、价值观存在不利于自己和社会发展的偏差。思想深藏在大脑里，只要它不转化为具体的行动，就是绝对的个人隐私，很难被别人发现。所以如果哪个人的思想处于亚健康状态，那是非常危险的。

5. 行为亚健康

行为处于亚健康的人内心矛盾冲突非常激烈，其理性相对较差，感情行为冲动较多，对某一事情上的误解往往导致行为上的偏差，有时会做出不顾一切地伤害别人、损害社会的极端行为。

（三）亚健康四大起因

（1）过度紧张和压力。研究表明长时期的紧张和压力对健康有四害：一是引发急慢性应激，直接损害心血管系统和胃肠系统，造成应激性溃疡和血压升高、心率增快、加速血管硬化进程和心血管事件发生；二是引发脑应激疲劳和认知功能下降；三是破坏生物钟，影响睡眠质量；四是免疫功能下降，导致恶性肿瘤和感染机会增加。

（2）不良生活方式和习惯。如高盐、高脂和高热量饮食，大量吸烟和饮酒及久坐不运动是造成亚健康的最常见原因。

（3）环境污染的不良影响。如水源和空气污染、噪声、微波、电磁波及其他化学、物理因素污染是防不胜防的健康隐性杀手。

（4）不良精神、心理因素刺激。这是心理亚健康和躯体亚健康的重要因子之一。

（四）亚健康五大危害

（1）亚健康是大多数慢性非传染性疾病的疾病前状态，大多数恶性肿瘤、心脑血管疾病和糖尿病等均是从亚健康人群转入的。

（2）亚健康状态明显影响工作效能和生活、学习质量，甚至危及特殊作业人员的生命安全，如高空作业人员和竞技体育人员等。

（3）心理亚健康极易导致精神心理疾患，甚至造成自杀和家庭伤害。

（4）多数亚健康状态与生物钟紊乱构成因果关系，直接影响睡眠质量，加重身心疲劳。

（5）严重亚健康可明显影响健康寿命，甚至造成英年早逝、早病和早残。

针对亚健康的成因和危害，必须强化自我防护，牢记预防亚健康的“十字方针”：

（1）“平心”，即平衡心理、平静心态、平稳情绪。

（2）“减压”，即适时缓解过度紧张和压力。

（3）“顺钟”，即顺应好生物钟，调整好休息和睡眠。

（4）“增免”，即通过有氧代谢运动等增强自身免疫力。

（5）“改良”，即通过改变不良生活方式和习惯，从源头上堵住亚健康状态发生。

参考文献

1. 刘馨. 学前儿童体育. 北京师范大学出版社. 2002.7。

2. 北京市教育委员会编制. 北京市贯彻幼儿园教育指导纲要（试行）实施细则. 同心出版社. 2006.7。

3. 人民教育出版社体育室编. 幼儿园体育活动的理论与方法. 人民教育出版社. 2002.6。

4. 陈莹，王沂. 建国以来我国幼儿体育教育的发展历程. 第二届全国幼儿体育教育叙述论坛. 2007.7。

5. 金梅，马丽娜，陈适晖. 从“小胖墩、豆芽菜现象”反思当下我国幼儿体育教育的问题. 第二届全国幼儿体育教育叙述论坛. 2007.7。

6. 国家体育总局编. 国民体质测定标准手册（幼儿部分）. 人民体育出版社. 2003.8。

7. 杨则宜. 运动营养师培训教程. 人民体育出版社. 2008.2。